Couverture inférieure manquante

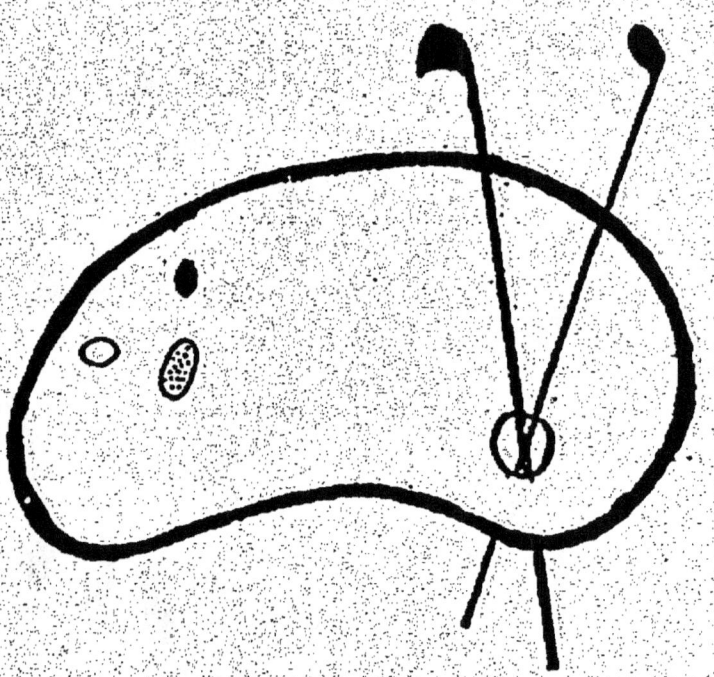

DÉBUT D'UNE SÉRIE DE DOCUMENTS EN COULEUR

HISTOIRE

DE

L'INSTRUCTION PUBLIQUE

AVANT 1789

DANS LE DÉPARTEMENT

DE LA HAUTE-SAVOIE

ET DANS

L'ANCIEN DIOCÈSE DE GENÈVE

PAR L'ABBÉ J.-F. GONTHIER

Curé de Meillerie

(Extrait du tome X des *Mémoires et Documents* de l'Académie Salésienne)

ANNECY
IMPRIMERIE J. NIÉRAT
7, RUE ROYALE, 7

1887

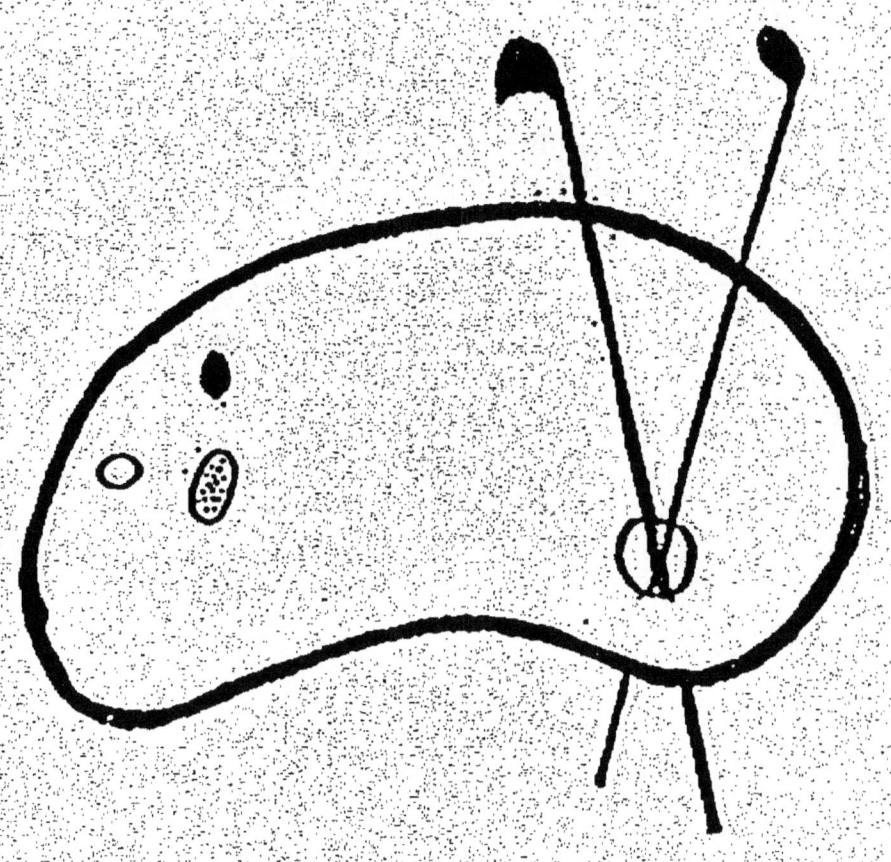

HISTOIRE

DE

L'INSTRUCTION PUBLIQUE

AVANT 1786

DANS LE DÉPARTEMENT

DE LA HAUTE-SAVOIE

ET DANS

L'ANCIEN DIOCÈSE DE GENÈVE

PAR L'ABBÉ J.-F. GONTHIER

Curé de Meillerie

ANNECY
IMPRIMERIE J. NIÉRAT
7, RUE ROYALE, 7

1887

HISTOIRE DE L'INSTRUCTION PUBLIQUE

AVANT 1789

DANS LE DÉPARTEMENT DE LA HAUTE-SAVOIE

ET

DANS L'ANCIEN DIOCÈSE DE GENÈVE [1]

Au Lecteur.

Notre pays possédait-il des écoles avant la Révolution de 1789, ou n'en possédait-il pas ?

Les nobles et les prêtres favorisaient-ils l'instruction populaire ?

Ont-ils, au contraire, comme bien des gens les en accusent, cherché à maintenir le peuple dans l'ignorance afin de le mieux dominer ?

---

[1] L'ancien diocèse de Genève, outre le diocèse d'Annecy actuel, soit le département de la Haute-Savoie, dont les limites sont à peu près les mêmes, comprenait les Bauges, la Chautagne, les environs de Genève et la rive droite du Rhône ou du Léman depuis Lavours en bas de Culoz jusqu'à Aubonne. — Mais Genève et la rive droite du lac ayant été violemment séparés en 1535 et 1536, le Valromey, la Michaille et le pays de Gex ayant été cédés à la France soixante-quatre ans plus tard, je m'occuperai plus spécialement du territoire qui forme aujourd'hui le département de la Haute-Savoie.

Telles sont, ami lecteur, les questions que plus d'une fois tu t'es posées, sans peut-être pouvoir les résoudre.

Eh bien ! ces questions, je me les suis posées moi-même, et depuis maintes années j'en ai cherché la solution. Cette solution, je ne l'ai demandée ni aux affirmations intéressées des uns ni aux négations gratuites des autres, ni aux articles de journaux écrits de parti pris. Après avoir lu ce que des auteurs sérieux et d'opinions diverses, tels que Grillet, de Saint-Genis, etc. ont écrit sur la matière, j'ai consulté les monographies parues, j'ai interrogé les archives de l'évêché d'Annecy, dont Monseigneur a daigné me permettre l'entrée, et celles du Sénat qu'un directeur complaisant a bien voulu compulser pour moi (1) ; enfin, j'ai fouillé les archives paroissiales ou communales (2).

Cela fait, je t'apporte, ami lecteur, le résultat de mes recherches. Je ne te demande point de me croire sur parole ; j'indique les sources où j'ai puisé, je donne la preuve de ce que j'avance : — Lis donc ce petit travail, c'est un travail de *bonne foi*. En le lisant, tu seras étonné peut-être, convaincu à coup sûr, et tu diras avec moi :

Avant la Révolution, l'instruction était beaucoup plus développée dans notre pays qu'on le pense communément ; elle était favorisée par le clergé, elle était gratuite ; et si elle était tombée, il y a cinquante ans, dans un état déplorable, c'est que la Révolution l'a fait rétrograder de près d'un siècle.

(1) M. Mugnier, conseiller à la Cour d'Appel, dont je ne puis trop louer la complaisance...

(2) Sans doute, il reste beaucoup à fouiller et beaucoup à découvrir. Ce que je publie aujourd'hui suffit amplement à prouver ma thèse — et provoquera, sans doute, d'autres chercheurs à compléter mon travail.

CHAPITRE PREMIER

XI^{mo} siècle.

Progrès de la civilisation en Europe, en Savoie.

Le flambeau des lettres, rallumé par Charlemagne, s'éteignit bientôt après sa mort et fit place à la lueur sinistre des incendies allumés sur tous les points à la fois par les Normands, les Sarrasins et les Hongrois (1).

Ces nouveaux Vandales brûlent les églises et les monastères ; après eux, des seigneurs laïques envahissent ce qui reste debout et s'emparent même des abbayes et des évêchés. — La discipline disparait et l'étude avec elle.

L'ignorance envahissait peu à peu le clergé lui-même ; heureusement, de nombreux moines gardaient le feu sacré et ce sont eux qui le ravivèrent. (2).

Le monastère de Cluny, ramené par saint Odon (927-942) à la stricte observance de la règle bénédictine, devint au xe siècle, le chef d'une vaste congrégation dont l'influence s'étendit bientôt à toutes les Gaules et qui, tout en y rétablissant la discipline, donna une puissante impulsion aux lettres, aux sciences et aux arts.

Vers la fin du siècle, un moine français d'un grand génie, écolâtre de Reims, après avoir fait d'importantes découvertes (3) et réuni autour de sa chaire une légion de dis-

---

(1) En 912, le pays de Vaud est entièrement dévasté par Arnould, roi d'Allemagne. En 930-940, les Sarrasins débarquent à Saint-Tropez, envahissent la Provence, le Valais, le Faucigny, la Maurienne et la Tarentaise.

(2) On cite, à cette époque, certaines écoles célèbres : celles de Reims; les abbayes de Luxeuil, de Lerins, et, plus près de nous, l'abbaye de Saint-Gall, qui fut au ixme et au xme siècle une pépinière de savants et de saints.

(3) Gerbert fit faire un progrès remarquable aux mathématiques en introduisant les chiffres arabes, et à l'horlogerie en substituant, comme force motrice, un poids à la chute de l'eau qui servait auparavant

ciples, devint pape sous le nom de Sylvestre II (999-1003). Son pontificat fut le signal d'un grand mouvement de civilisation. Au Nord, les terribles Hongrois se convertissent sous leur roi saint Etienne ; les Russes suivent leur exemple sous le grand-duc Wladimir le saint ; l'invasion des barbares est close, une nouvelle ère commence.

En Allemagne, l'empereur saint Henri fonde un grand nombre de monastères. L'Aquitaine obéit au duc Guillaume qui mérite d'être appelé le *protecteur des lettres*. La France est gouvernée par le pieux Robert (996-1031), qui aime à construire des temples en l'honneur du Très-Haut.

Presque partout les églises sont renouvelées. Les peuples semblent rivaliser à qui élèvera les plus magnifiques. On eût dit, suivant l'expression de Raoul Glaber, « que le monde se secouait et dépouillait sa vieillesse. »

Pendant que des architectes de génie édifient les belles cathédrales qu'Orléans, Auxerre, Chartres et Melun montrent encore avec orgueil, des maîtres célèbres attirent autour de leur chaire la jeunesse de l'Europe.

Ce sont : à Chartres, saint Fulbert « l'oracle de la France » ; à Tours, le fameux Béranger ; à l'abbaye du Bec en Normandie, l'illustre Lanfranc (v. 1045) et saint Anselme, mort archevêque de Cantorbéry.

Les écoles de Liège, de Langres, de Rouen et de Besançon sont aussi très florissantes.

Le pays renfermé entre le Jura et les Alpes ne resta pas étranger à ce mouvement à la fois religieux et intellectuel.

Dès les premières années du xi° siècle, on vit s'élever sur les bords du Léman deux cathédrales, celle de Lausanne qui fut détruite plus tard par un incendie, et celle de Genève qui fut continuée dans le siècle suivant.

Des moines, conquérants pacifiques, commencent à envahir nos plaines et nos vallées. Les chanoines réguliers de Saint Augustin, déjà établis à Peillonnex, créent l'abbaye

---

à faire mouvoir le mécanisme. — Vers la même époque, un moine italien, Gui d'Arezzo, vulgarisait la musique en inventant les lignes ou portées, la gamme et les notes *ut, ré, mi, fa, sol, la*.

de Filly (1012-1019). La congrégation de Cluny fonde le couvent de Saint-Victor à Genève (999-1011), les prieurés de Sillingy (1039), de Contamine-sur-Arve (1083) et de Cessy (1091).

Des religieux bénédictins établissent les prieurés de Gimel (1051), de Saint-Innocent (1084), de Chamonix (1090 environ), de Bellevaux en Bauges (1091) et de Saint-Jean d'Aulps en Chablais (v. 1094). D'autres, venus de Savigny près de Lyon (saints Germain, Ruph, Ismius et Ismidon), donnent aux habitants de Talloires et des bords du lac d'Annecy l'exemple des vertus les plus héroïques (1); pendant qu'un enfant de la Savoie, notre compatriote et leur émule, *saint Bernard de Menthon*, s'en va fonder sur le Mont-Jou (vers 1050), dans la région des glaces éternelles, un *asile* où les pauvres voyageurs égarés ou transis de froid trouvent du feu pour réchauffer leurs membres, des vivres pour réparer leurs forces, et un guide sûr pour diriger leurs pas.

Vers le même temps, un autre Savoyard, Gérard de Chevron, devint archevêque de Florence, puis pape sous le nom de Nicolas II (1059-1061) et laissa la réputation d'un esprit supérieur, d'un homme zélé, austère et fort aumônier.

CHAPITRE II

XIIme siècle.

Cisterciens et Chartreux en Savoie. — Ecoles de monastères.

Mais c'est au commencement du xiime siècle que cette effloraison de sainteté se développa dans toute sa magnificence.

---

(1) Certains de ces moines écrivent l'histoire de leur monastère et des évènements contemporains. La chronique du moine bénédictin, Guillaume della Chiesa, la plus ancienne de Savoie, date de cette époque; celle de Novalaise fut écrite, vers l'an 1000, par un religieux de la Maurienne.

L'Europe, ébranlée par la voix d'un ermite, se lève pour aller délivrer le Saint-Sépulcre. Godefroi de Bouillon, chef de la première croisade, entre en vainqueur à Jérusalem et y fonde un royaume chrétien (1099). — D'autres expéditions suivront de près (1). — Les peuples d'Occident, combattant ensemble pour une même et sainte cause, apprennent à se connaître et à s'aimer. Les nobles vendent leurs terres pour parer aux frais du voyage. Les serfs, en se croisant, deviennent libres; ils rapportent de l'Orient des connaissances utiles, des productions nouvelles, telles que le lin et le chanvre, des idées de commerce et de décentralisation, et ce fut alors que commença ce mouvement des *communes* dont le nord de la France donna l'exemple.

Tandis qu'une grande partie de l'Europe est en marche vers l'Orient, des gentilshommes de naissance illustre et d'un grand savoir appellent dans la solitude des légions de disciples et renouvellent avec eux les vertus des moines de la Thébaïde.

Le premier, c'est Bruno de Cologne, écolâtre de Reims, orateur, poëte et philosophe, qui conduit ses compagnons dans le désert de la Chartreuse (1082) pour s'y livrer avec eux au silence perpétuel, au travail solitaire et à la contemplation de chaque jour.

L'autre, c'est Robert de Molesmes qui fonde, à peu de lieues de Dijon, le monastère de Citeaux (1098) que saint Bernard viendra bientôt illustrer; il y commence la réforme bénédictine.

Bientôt ces deux nouvelles maisons comptent des centaines de Religieux et envoient dans toutes les directions des moines qui, la croix d'une main et la hache de l'autre, s'enfoncent dans les solitudes du Jura ou des Alpes et vont défricher les forêts et les intelligences.

Des essaims, partis de Citeaux, se fixent à Cessens près

---

(1) Nos ancêtres, à la suite du comte Amédée III qui mourut à Nicosie (1148), prirent une assez grande part à la deuxième croisade. — En 1198, on fit à Genève une levée de cinq cents hommes pour la Palestine.

d'Hautecombe, 1121, à Bonmont 1123, à Hautcrêt et à Montheron, dans le diocèse de Lausanne, 1124-1142, à Tamié 1132, à Chézery 1140, au Lieu et à Bellerive vers 1150, à Bonlieu (v. 1160); pendant que les enfants de saint Bruno fondent les chartreuses de Vallon 1138, d'Arvières 1140, d'Oujon au décanat de Vullionnex vers 1150, du Reposoir 1151, de Pomiers 1179, d'Aillon en Bauges 1183 et que les chanoines réguliers de saint Augustin s'établissent à Abondance 1108, à Sixt 1144, à Entremont 1154, enfin à Etoy près de Morges 1177.

Ces Religieux ne se contentent pas de défricher les forêts, d'ouvrir des routes (1) et d'enseigner aux serfs l'art de l'agriculture; ils adoucissent leurs mœurs en leur montrant l'exemple de la frugalité, de la charité et des vertus les plus héroïques : car les chefs de ces monastères sont presque tous inscrits au catalogue des saints (2). Enfin, ils cultivent les lettres, les sciences et les arts. Nantelme, prieur de Vallon, occupa dignement l'évêché de Genève. Amédée d'Hauterive, abbé d'Hautecombe, était un écrivain distingué : ses *Homélies,* souvent réimprimées, récemment traduites par l'abbé Gremaud, se font remarquer par la noblesse et la piété des pensées, par l'éloquence et la douceur du style. Pierre de Tarentaise passait pour un autre saint Bernard. Nous avons de saint Anthelme des lettres écrites au roi de France et à notre comte Humbert le Saint, dont on estime la pureté de style et la diction latine.

(1) Ainsi, par exemple, les Chartreux de Pomiers ouvrirent à travers les forêts du mont de Sion la route actuelle qui conduit de Cruseilles à Carouge et qui, avant eux, passait au sommet du Salève.
(2) Ce sont : Saint Guérin, abbé d'Aulps, mort évêque de Sion en 1150; le B. Ponce de Faucigny, abbé de Sixt et d'Abondance († 1178); saint Vivian, abbé d'Hautecombe (1128-1136) et son successeur, Amédée d'Hauterive, mort sur le siège de Lausanne; saint Pierre, abbé de Tamié, puis archevêque de Tarentaise († 1174), thaumaturge et pacificateur des peuples; saint Anthelme de Chignin, général des Chartreux, puis évêque de Belley († 1178); le B. Jean d'Espagne, prieur du Reposoir († 1160); saint Lambert, abbé de Chézery et saint Arthold, prieur d'Arvières en Bugey († 1206).

Chaque maison possédait une école pour les novices et les moines; les grands monastères, celui d'Aulps, par exemple, en avaient deux : l'une, intérieure pour les enfants, les novices et les jeunes religieux; l'autre, pour les fils des nobles familles (1). Celle-ci se tenait dans les salles séparées de la clôture; les élèves étaient logés dans le bourg voisin aux frais du monastère. D'habitude, aucune rétribution n'était exigée et ne pouvait pas même l'être par suite de la défense portée par les évêques; les riches seulement avaient coutume d'offrir un don volontaire (2).

On appelait généralement aux fonctions de précepteur, soit d'écolâtre, dans ces écoles extérieures, des moines érudits, les plus savants qu'on pût trouver dans les sciences divines et profanes. Les monastères d'un rang inférieur envoyaient à ces grands maîtres des moines qui devaient se perfectionner auprès d'eux (3). C'est là que se formaient notamment ces architectes qui construisirent tant et de si merveilleuses cathédrales.

D'autres religieux passaient leur vie à transcrire les ouvrages des auteurs païens ou des Saints-Pères. Ils se livraient à ce travail, par nécessité quelquefois, pour subvenir aux besoins du couvent; mais, le plus souvent, par amour de la science ou pour obéir à leur règle (4). Saint Bruno lui-même collationnait les manuscrits et le B. Jean d'Espagne, au couvent du Reposoir, faisait copier les Livres saints et les expurgeait de fautes (5).

(1) *Hist. littér. de France*, IV, p. 1-38; Chapeauville, *Anselmus*, I, 218.
(2) Migne, *Patrologie lat.*, tome CLXXXIX, p. 1051, etc. — Le concile d'Arles, tenu en 1260, décide que les moines et les chanoines ne demanderont rien à leurs élèves.
(3) Trithemius, *Chronol. historique*; Lannoi.
(4) On vit même naître, un peu plus tard, une congrégation, celle des *Clercs de la vie commune*, dont une des principales occupations, après l'instruction de la jeunesse, devait être la transcription des livres. Dans le couvent de Saint-Martin près de Louvain, les Frères devaient y consacrer huit heures par jour.
(5) Falconnet, *Vie du B. Jean d'Espagne*, p. 45; *Acad. Salésienne*, tome IV.

Aussi, certains monastères possédaient-ils des bibliothèques considérables pour l'époque (1).

En dehors des monastères, on comptait des écoles célèbres. Guillaume de Malmesbury, écrivain anglais du temps, nous affirme qu'à Paris il existait alors cent beaux collèges pour l'usage des étudiants, tous bâtis de marbre d'un grand prix (2).

Paris était, en effet, le foyer intellectuel du monde. La jeunesse de l'Europe accourait en foule y entendre les leçons de Guillaume de Champeaux († 1121) et d'Abélard († 1142). Reims, où le pape Eugène III venait de fonder une Université, écoutait Anselme de Laon et Yves de Chartres. Les autres provinces n'étaient guère moins bien partagées et le nombre des écrivains, par conséquent celui des lecteurs, était fort considérable : car nous trouvons dans l'*Histoire littéraire de la France* le nom de plus de huit cents auteurs du XIIme siècle (3).

CHAPITRE III

XIIIme siècle.

Les Dominicains, les Franciscains et les Papes.

Durant le cours du XIIme siècle toutefois, le relâchement s'était glissé dans les maisons cisterciennes, augustines

---

(1) En 1100, la bibliothèque de Cluny comptait plus de 570 volumes, dont un grand nombre consacrés à l'antiquité profane, aux sciences et aux arts. — Migne, *Patrol. lat.*, tome CLXXXIX, p. 1051.

(2) Cité dans le *Rosier de Marie*, septembre 1880.

(3) Ibid., tome XV. — Parmi les plus célèbres, citons Pierre Lombard, le *Maître des sentences*; Hugues de Saint-Victor, le *nouvel Augustin*; Richard de Saint-Victor; Pierre le Vénérable, abbé de Cluny; saint Bernard de Clairvaux et les historiens Villehardouin, Guillaume le Breton, G. de Nangis, etc.

et bénédictines (1). Mais Dieu, qui veille au salut de son Église, suscita deux Ordres nouveaux, qui ranimèrent l'esprit de discipline et donnèrent aux lettres et aux sciences une immense impulsion. Ce furent les Franciscains (1208) et les Frères Prêcheurs (1215).

L'un d'eux, saint Bonaventure, excelle dans la science mystique; le dominicain Albert le Grand étonne le monde par l'étendue de ses connaissances; Thomas d'Aquin, son disciple, condense dans la *Somme contre les Gentils* et dans la *Somme théologique* tout ce que les philosophes et les théologiens les plus fameux ont jamais écrit ou pensé, et mérite d'être appelé l'*Ange de l'école*. Vincent de Beauvais, maître de saint Louis, roi de France, résume toutes les sciences divines et humaines connues de son temps dans son *Speculum majus* qui, par la beauté de l'ensemble et l'intérêt des détails l'emporte, au jugement de Rorhbacher, sur les encyclopédies modernes (2). Et le célèbre moine franciscain d'Oxford, Roger Bacon († 1292) découvre le secret de la poudre à canon inconnue en Occident, prépare l'invention du télescope, devine la boussole qui fut trouvée peu après (1300) et prophétise les machines à vapeur. — La gloire de ces grands génies rejaillissant sur les Ordres dont ils étaient membres, excita l'émulation dans les autres familles religieuses et provoqua même contre eux la jalousie de l'Université de Paris qui, par dépit, refusa un instant de les recevoir dans son sein.

Les papes sont les grands promoteurs de ce glorieux mouvement littéraire. C'est un pape qui fonde les Universités de Toulouse (1228), de Montpellier, d'Orléans, de

---

(1) C'est pourtant un moine bénédictin d'Italie, Jean Gersen, qui composa, vers 1230, l'*Imitation de J.-C.*, que Fontenelle appelle avec raison « le plus beau livre sorti de la main des hommes ».

(2) La Savoie fournit son contingent aux illustrations dominicaines. Citons en effet le B. Gabert d'Aiguebelle, fondateur des Dominicains de Lyon (1221); Hugues de Saint-Cher, auteur des premières concordances de la Bible et l'un des hommes les plus savants de son époque; enfin, Pierre de Champagnon qui enseigna, après saint Thomas, son maître, et devint pape sous le nom d'Innocent V († 1276).

Lyon et de Verceil. C'est un pape qui donne son premier règlement à l'Université de Paris (1215), qui la rétablit quand elle est dissoute (1229) et la favorise en recommandant aux prélats de préférer dans la collation des bénéfices ceux qui y auraient fait leurs études.

C'est encore la voix des papes qui, dans les grandes assemblées de l'Eglise, ordonne aux églises cathédrales et collégiales d'entretenir une école *gratuite* pour les clercs et les écoliers pauvres. Ecoutons le troisième concile œcuménique de Latran tenu en 1179 et auquel assistaient les évêques de Genève, de Tarentaise et de Maurienne.

« Comme l'Eglise de Dieu, en sa qualité de Mère tendre,
« est tenue de venir au secours des indigents pour leurs
« besoins spirituels et corporels, le concile ordonne que,
« dans chaque église cathédrale, on assigne un bénéfice
« à un maître qui enseigne *gratuitement* les clercs de
« cette église et les *écoliers pauvres*, afin que ceux qui
« sont dépourvus des dons de la fortune *ne soient pas*
« *privés de la facilité d'apprendre* et que *la voie*
« *de la science soit ouverte à tous.* » A cette décision le concile ajoute les suivantes : « on rétablira les écoles
« dans les autres églises et dans les monastères où il y a eu
« autrefois quelques fonds destinés à cet effet ; on n'exigera
« rien pour la permission d'enseigner et on ne la refusera
« pas à celui qui en sera capable, parce que ce serait
« *empêcher l'utilité* de l'Eglise (1). »

Le quatrième concile de Latran, tenu en 1215, renouvelle ces ordonnances et veut que chaque église ait non-seulement un maître de grammaire et de sciences, mais encore un *théologal* pour enseigner aux ecclésiastiques l'Ecriture-Sainte et tout ce qui regarde le soin des âmes (2).

L'évêque de Genève, Arducius, présent au troisième

---

(1) Nos philanthropes modernes, qui se vantent d'avoir créé la *gratuité* de l'enseignement, n'ont donc fait que copier l'Eglise — et même ils ne nous ont donné que le mot, tandis que l'Eglise donnait la chose.

(2) Migno, *Hist. des Conciles*, au mot *Latran*.

concile de Latran, n'avait sans doute pas tardé de se conformer au décret que nous venons de citer, car nous voyons un docteur enseigner à Genève en 1227 (1).

Les successeurs d'Arducius, distingués par leurs vertus ou leur savoir, comme l'étaient Bernard Chabert, Aimon de Grandson et Robert de Genève, ne durent point négliger l'instruction de leurs prêtres et de leurs diocésains.

Vers la fin du siècle (1290), un autre évêque, Guillaume de Conflans, prescrit aux jeunes clercs d'étudier la grammaire, la logique et la philosophie. Il charge l'*armarius* ou gardien des armoires d'avoir un grand soin des livres, se souvenant qu'un livre est « *une nourriture précieuse dont l'esprit tire sa substance,* » enfin il accorde des primes aux copistes (2).

Les prêtres du diocèse devaient donc être assez instruits et l'on voit l'un de nos évêques promu à un poste métropolitain ; un autre devenir secrétaire de l'empereur ; un chanoine de la cathédrale, Pierre d'Aigueblanche, devenir évêque en Angleterre ; et d'autres diocésains nommés grands-maîtres du célèbre et puissant Ordre des Templiers (Guill. de Gerbais et Guifred d'Alinges), ou même ceindre la tiare (Geoffroi de Châtillon en Chautagne).

Outre l'école de Genève, notre pays possédait des écoles de droit civil et canonique dont nous connaissons certains titulaires (3) ; elles devaient être très fréquentées : car, au commencement du siècle suivant, les chartes nous montrent comme témoins un nombre incroyable de licenciés en droit, de juristes et de docteurs.

Ces chartes, d'une écriture très soignée, sont rédigées en latin. Le latin était la langue officielle ; mais la langue vulgaire, le français, était déjà formé : le testament d'Agnès de Faucigny et quantité d'autres pièces inédites ou imprimées en sont la preuve irrécusable (4).

(1) Spon, *Histoire de Genève*, II, p. 404.
(2) Fleury, *Hist. du diocèse de Genève*, I, 212.
(3) Bienvenu de Compeys en 1268, Jean de Compeys en 1282, Amblard d'Entremont, etc. — Voir *M. D. G.*, VII, 203 ; XV, etc. ; et Cibrario, *Politica del medio Evo*.
(4) St-Genis, *Hist. de Savoie*, II, 42.

Le peuple, instruit par les moines, commence à secouer le joug de la féodalité. Les habitants de nos plus petites bourgades demandent et obtiennent la concession ou la confirmation de libertés et de privilèges que pourraient envier les Français de nos jours (1).

Le commerce et l'industrie prospèrent. Genève avait, dès le commencement du siècle, ses fabriques de draps, sa papeterie (2), ses ateliers de couteliers, d'épingliers, d'armuriers, de fabricants de poudre à canon, de tanneurs, de chamoiseurs, etc. — Et, « quelque étrange que le fait
« puisse paraître à ceux qui se représentent le moyen-âge
« comme une époque de complète barbarie, à la campagne
« aussi bien qu'à la ville, *l'industrie savait, beaucoup*
« *mieux que de nos jours*, utiliser les cours d'eau du
« pays, grands ou petits.

« *Bien plus nombreux qu'aujourd'hui* étaient les
« moulins, les battoirs, les fouloirs, les scieries, les mar-
« tinets, les usines de tout genre, non seulement sur les
« rives du Rhône et de l'Arve, mais aussi sur les bords
« de l'Alondon, de la Versoix, de l'Allemogne et de quan-
« tité de ruisseaux moins importants (3). »

Enfin, ajouterai-je après le même auteur (et ceci va stu-péfier ceux qui pensent qu'au moyen-âge le soleil lui-même, comme les intelligences, devait être obscurci) notre climat était plus chaud et plus précoce, les vendanges se faisaient au moins trois semaines plus tôt. La culture des vers à

---

(1) Voici la date de quelques-unes de ces franchises : Flumet 1228, Aubonne 1234, Evian 1265, Thonon 1268, Crusseilles 1282, Seyssel 1285, Bonneville 1289, Rumilly 1291, Chamonix et Gex 1292, Sallanches 1293, Châtel en Semine 1307; Cluses, Lullin, Bonne et Chaumont 1310; Leaz, Billiat, Yvoire et le Châtelard en Bauges 1324; La Roche 1325, Thônes 1350, Hermance 1384, Annecy 1367, Genève 1387.

(2) On constate vers la même époque l'existence de deux papeteries à Thoiry près de Gex (Galiffe).

(3) Galiffe, *Genève Histor. et Archéol.*, I, 345; II, 23. Galiffe est un chroniqueur genevois protestant, mais impartial et d'une très vaste érudition.

soie, qu'on essayerait vainement de rétablir, était prospère et c'est de Genève que Chambéry et plus tard Lyon empruntèrent cette industrie.

CHAPITRE IV

XIVme siècle.

Écoles paroissiales ou communales.

Jusqu'ici nous avons parlé des écoles de monastères et des maîtrises; nous n'avons pas encore rencontré l'école communale, l'école *primaire*.

Y en avait-il ?

Quand ont-elles commencé ?

Qu'il y ait eu au moyen-âge des écoles primaires, la chose est évidente. Nous avons signalé plus haut quelques-unes des écoles célèbres de Paris, de Reims et d'ailleurs. Or, les milliers de jeunes gens qui se pressaient à ces cours publics ou dans les Universités, avaient dû, avant de s'y rendre, recevoir de quelqu'un les premiers éléments de lecture et d'écriture ; ils avaient dû fréquenter l'école primaire de leur paroisse ou de la bourgade voisine.

Le savant Hurtier, ministre protestant, affirme qu'en France, au XIIe et au XIIIe siècle, « *il n'y avait pas une* « *ville ni même un bourg qui ne possédât une école*, où « les personnes même de basse extraction pouvaient se faire « instruire, et c'est par cette raison que la France fut « appelée la contrée riche en écrivains, *Gallia scrip-* « *toribus dives* (1). »

Au XIIIe siècle, tous les paysans de Normandie savaient lire et écrire. « Sur cette terre classique du plumitif, ils

---

(1) Cité dans le *Rosier de Marie*, sept. 1880.

portaient une *escriptoire* à leur ceinture et bon nombre d'entre eux n'étaient pas étrangers au latin (1). »

De même au Midi, dans la Provence surtout, la plupart des villages avaient des maîtres enseignant aux enfants la lecture, l'écriture et le calcul (2).

Les contrées soumises aux Comtes de Savoie n'étaient guère moins bien partagées.

Au-delà des monts, l'Université de Verceil, où l'on enseignait la théologie, le droit, la médecine, etc., attirait une nombreuse et brillante jeunesse.

En Maurienne, on voit l'évêque Aimon II de Miolans, dans un accord passé, en 1325, avec ses diocésains de la vallée d'Arves et des environs, s'engager à choisir pour chaque paroisse un maître capable d'instruire les enfants *in moribus et doctrinâ* (3).

Chambéry avait ses écoles en 1315 (4).

Un grand nombre de localités du Valais, telles que Saint-Maurice, Aigle, Saint-Brancher dans l'Entremont, avaient des régents de grammaire (5) nommés par l'abbé de Saint-Maurice, qui avait reçu le droit de nommer tous les régents des écoles depuis le Saint-Bernard jusqu'à l'Eau-Froide de Villeneuve (6).

(1) M. Louandre, *Revue des Deux-Mondes*, janvier 1887. — « Les nobles pas plus que les vilains, continue le même auteur, n'étaient hostiles au savoir et aux lettres. Ils se sont associés d'une manière brillante au mouvement poétique du Midi : Bertrand de Born, Guill. d'Aquitaine, B^d de Ventadour, etc., nos chroniqueurs Villehardouin et Joinville sont sortis de leurs rangs... Quant aux actes qu'ils n'auraient pas signés sous prétexte que leur *qualité les dispensait d'apprendre à écrire*... ils n'ont jamais existé et l'on peut mettre le ban et l'arrière-ban des paléographes au défi de produire une seule charte où cette formule soit énoncée. »

(2) Siméon Luce, *Hist. de Bertrand Duguesclin* (xivme siècle).

(3) Angleys, *Hist. du Diocèse de Maurienne*, p. 172.

(4) De Jussieu, *Hist. de l'Instruction primaire en Savoie*, p. 13; Saint-Genis, II, 40.

(5) Sous le nom de *grammaire* on comprenait souvent les belles-lettres elles-mêmes.

(6) Manusc. De Rivaz, *Topographie histor. du Vallais*, VI, 83 *et alibi passim* — Je dois communication de ces manuscrits à M. l'abbé Pettex, curé de Saint-Gingolph.

A défaut de documents, nous pourrions donc affirmer que le diocèse de Genève, placé au centre de toutes ces provinces, avait, lui aussi, des écoles primaires. Mais, heureusement, nous n'en sommes pas réduits à des conjectures.

Genève avait ses régents de grammaire qui enseignaient dans des maisons privées louées à cette intention et nous voyons l'un d'entre eux, Jean de la Ravoire, y exercer les fonctions pédagogiques pendant près de quarante ans. Ces écoles devaient être très florissantes, car l'empereur Charles IV, le 3 des nones de juin 1365, donna une bulle pour l'établissement d'une Université à Genève et, ce projet ayant avorté pour des raisons politiques, le cardinal de Brogny le reprit au siècle suivant. Or, comme le font observer Senebier et Galiffe, l'idée d'une institution pareille ne serait jamais venue à ces illustres personnages, si Genève n'en avait possédé les premiers éléments, si elle n'avait eu déjà une école célèbre (1).

On a de même constaté l'existence d'écoles à Evian en 1341 (2); à Annecy, au faubourg de la Perrière, en 1360 (3); à Sallanches en 1371 (4); à Thonon (5) et à Chaumont (6) en 1377; à la Roche en 1410 (7).

Il y en avait aussi à Bonne, à Gex (8) et, sans aucun doute, dans toutes les villes et dans les quarante à cinquante bourgs libres du diocèse. Dans ces écoles, *gratuites* pour la plupart, on enseignait non seulement la lecture, l'écriture, la grammaire et l'arithmétique, mais encore les belles-lettres et le latin; c'est là que venaient se former

---

(1) Galiffe, *Genève histor.*, 1., 303.
(2) De Foras, *Nobiliaire*, article *Châtillon*; Jean de Ville, recteur de ces écoles, est témoin à Evian le 24 mars 1341.
(3) Ducis, *Revue sav.*, 1871, page 86.
(4) De Jussieu, page 15, d'après M. Bonnefoy.
(5) Le 7 février 1377 (arch. Thuiset), le comte de Savoie laude une vente faite en faveur du recteur de ces écoles, Pierre Tribuli.
(6) J. Vuy, *Revue sav.*, 1866, p. 40; Chartes inéd., 3e série, no VII. Le recteur s'appelait Gauthier de Gliceriis, il était clerc.
(7) Grillet, *Hist. de la Roche*.
(8) Galiffe, 1, 303.

ces notaires que notre pays comptait alors par centaines, j'allais dire par milliers.

A côté de ces écoles qui étaient, en réalité, des écoles supérieures, *scholæ,* il y avait les écoles primaires ou, comme on disait alors, les *petites écoles, parvæ scholæ,* payées généralement par la bourses des *Œuvres pies,* soit par la Confrérie du Saint-Esprit, qui était érigée dans la plupart des paroisses et dont le budget, prélevé sur la charité publique, se formait des cotisations annuelles de chaque membre, des donations en argent ou en nature et des quêtes qui se faisaient à la mort de tout chrétien.

Il y avait aussi des écoles *presbytérales :* dans leurs moments de loisir, les curés ou les chapelains réunissaient dans une chambre de la cure les enfants du village pour enseigner aux uns la lecture et l'écriture, aux autres, les premiers éléments de la langue latine. De ces écoles-là, il n'en est question nulle part, par une raison toute simple : ces régents bénévoles n'avaient aucun titre officiel, ils n'émargeaient point au budget et les chartes ne font aucune mention de ces leçons de lecture ou d'écriture, pas plus qu'elles ne font mention des leçons de catéchisme données depuis treize siècles par tous les curés aux enfants de leurs paroisses ou des leçons de latin données par tant de prêtres aux jeunes gens aspirant au sacerdoce. Leur existence néanmoins est certaine. Toujours les prêtres se sont fait un devoir d'instruire les peuples qui leur étaient confiés, non seulement dans la science religieuse, mais encore dans la science profane ; et, quand ils oubliaient ce devoir, les évêques et les conciles se chargeaient de le leur rappeler.

De nos jours encore, quand un missionnaire débarque sur une plage lointaine, son premier soin, après avoir élevé à la hâte une modeste chapelle, n'est-il pas de bâtir une école et d'enseigner aux enfants l'*A B C ?*

Autant que les lettres, les sciences et les arts étaient en honneur dans nos contrées. L'agriculture, l'exploitation des mines, le travail du fer et des métaux, introduits par les moines, y fleurissent. Faverges avait, en 1350, une fabrique de papier, des forges pour le cuivre et le fer, des ateliers renommés de coutellerie ; Alby avait ses tanneries, ses corroyeurs et ses orpailleurs, et il se tenait dans ces deux bourgades des foires célèbres où l'on venait s'approvisionner du Vallais et du Dauphiné.

Les orfèvres de Genève avaient la pratique des princes des pays voisins, et ceux de Chambéry ne le cédaient en rien à ceux de Florence.

Des peintres, appelés d'Italie par le comte Amédée V pour décorer les châteaux de Chambéry et du Bourget, avaient formé en Savoie de nombreux élèves.

La musique n'était pas moins cultivée. Il y eut, en 1359, à Genève, un concours de musique, *una scuola di musica*, où se rendirent des ménestrels de toute espèce et de divers points de la Savoie, par exemple, d'Annecy : car Annecy avait sa corporation de ménétriers placés sous la protection de Notre-Dame de Liesse. Thonon, Evian, le Châtelard en Beauges avaient aussi les leurs et Bourg possédait une école de musique où nos princes envoyaient leurs ménétriers se former (1).

Le degré de science possédé par les prêtres, ces instituteurs-nés du peuple, donne, du reste, à toutes les époques, la mesure de savoir et d'instruction de celui-ci. Or, les évêques de ce temps-là se préoccupaient vivement de combattre l'ignorance dans le clergé séculier.

Pierre de Faucigny (1311-1342), par une ordonnance non datée, imposait au clergé l'obligation de lire une fois par mois et d'apprendre par cœur les *Constitutions provinciales et synodales du diocèse*. Guillaume de Marcossey et ses successeurs firent mieux : ils soumirent les ecclésiastiques à un examen annuel qui forçait ces derniers à s'instruire et permettait à l'évêque de se rendre compte de l'instruction de chacun. Enfin, plus tard, sous l'épiscopat de François de Mez, tous les curés furent tenus, sous peine d'amende et d'autres punitions arbitraires, de posséder un traité des Sacrements, de l'étudier et de

(1) Voir *M. D. Sav.*, xxv.

conférer de temps à autre sur la théologie avec leurs confrères du voisinage (1).

On constate les mêmes efforts dans le clergé régulier. Dans une réunion tenue en 1336, le chapitre de Satigny décida qu'à l'avenir il exigerait de tout candidat qu'il connût non seulement les lettres, mais encore l'architecture et le chant, *nisi sciat competenter legere, construere et cantare* (2).

Parmi les hommes remarquables fournis durant ce siècle par le clergé du diocèse, nous signalerons Jean de Chissé, évêque de Grenoble († 1350);

Rodolphe, son neveu, qui lui succéda († 1385);

Jacques de Menthonay, archidiacre de Reims, créé cardinal en 1383;

Guillaume, son parent, évêque de Lausanne;

Adhémar Fabri, évêque de Genève († 1388), dont le nom, après bien des siècles, est encore populaire dans cette ville à laquelle il a laissé un monument de sa science et de sa paternelle bonté, savoir, le fameux *Code des Franchises;*

Jean de Bertrands, son successeur, qui fut, au dire du protestant Senebier, l'un des personnages les plus savants de son siècle;

Enfin et surtout le fameux Robert de Genève, archevêque de Cambrai, cardinal, puis antipape, qui parlait élégamment le latin, le français, l'italien et l'allemand, et l'illustre cardinal de Brogny, dont nous parlerons plus loin.

CHAPITRE V

XVme siècle.

Les Collèges d'Avignon et de Genève. — Découvertes.

A la fin du xivme siècle, le Comté de Savoie avait à sa tête le célèbre Amédée VIII. Ce prince, durant un règne de

---

(1) *Les Synodes*, par l'abbé Brand; M. D. Sal., II, 199-201.
(2) M. D. G., XVIII.

cinquante ans, sut faire de la Savoie « le plus riche, le plus sûr et le plus plantureux » des Etats en favorisant de tout son pouvoir le commerce, l'industrie, les lettres et les arts.

Il crée les foires d'Abondance en Chablais (1424) et fait construire sur la Dranco le magnifique pont de vingt-sept arches qui subsiste encore. Il établit des martinets dans les Bauges, des fabriques de drap à Annecy et autorise cette même ville à établir des métiers à trame et des ateliers de tissage (1412).

Artiste lui-même, il s'entoure d'artistes et les comble de faveurs. Il entretient à sa cour de nombreux musiciens, il joue lui-même du luth et se plaît aux réceptions solennelles, aux fêtes religieuses où son entourage déploie toute la somptueuse élégance du siècle. Il fait venir de tous côtés des architectes, des sculpteurs et des peintres qui élèvent de magnifiques monuments, tels que la Sainte-Chapelle de Chambéry et le prieuré de Ripaille, ou qui les ornent de fresques et de statues (1).

Il avait aussi ses peintres de manuscrits : Jean Bapteur, du pays de Vaud, et Jean Lamy. Il possédait une merveilleuse bibliothèque, où l'on conservait entre autres ouvrages un splendide *Bréviaire* enrichi de miniatures, et le célèbre manuscrit de l'*Imitation de Jésus-Christ* dit le « *manuscrit d'Arona* » (2).

Enfin, il fit fondre les anciennes lois et les anciens règlements et rédiger par Jean de Beaufort et Nicod Festi de Sallanches un code nouveau (les *Statuta Sabaudiæ*, 1430), qui atteste la grande science des jurisconsultes rédacteurs et qui valut au prince le nom de *Salomon de son siècle*.

Un autre personnage qui ne travailla pas moins qu'Amédée VIII à développer l'instruction publique, ce fut un prélat de ses Etats, Jean Fraczon, cardinal d'Ostie.

Né l'an 1342, au petit Brogny près d'Annecy, le jeune Fraczon, si l'on en croit la légende, gardait un jour, dans

(1) *M. Acad. Sav.*, 2ᵉ série, tome VIII, p. 19.
(2) Ch. Buet, *Les Ducs de Savoie*.

les champs, les pourceaux de son père, lorsque deux religieux dominicains de Genève le rencontrèrent et, devinant son intelligence, l'emmenèrent avec eux. Le petit pâtre devint fort habile dans la jurisprudence et le droit canonique et parvint rapidement aux premières dignités de l'Eglise. Il fut successivement ou simultanément évêque de Viviers, cardinal du titre de Sainte-Anastasie, archevêque d'Arles, chancelier de l'Eglise romaine, etc., etc., et fut jugé digne de présider le concile de Constance qui éleva Martin V sur le trône pontifical.

Nommé par celui-ci (1424) à l'évêché de Genève, le généreux cardinal voulut doter sa ville épiscopale d'une Université semblable à celle que Louis, prince d'Achaïe, venait de fonder à Turin et à celles que la France voyait se multiplier par enchantement (1). Mais les Genevois ne pouvant souffrir que les ducs de Savoie fussent nommés conservateurs des privilèges de la future Université, et craignant ou feignant de craindre les vexations des étudiants, refusèrent cette offre.

A la suite de ce refus, Jean de Brogny fonda, dans son palais d'Avignon, un collège sous le nom de *collège Saint-Nicolas* (23 juin 1424), où l'on devait entretenir gratis vingt-quatre étudiants, dont huit du diocèse de Genève et huit des autres diocèses de la Savoie, et il lui légua sa magnifique bibliothèque qui comptait neuf cents manuscrits. Cet établissement prospéra; à la fin du siècle dernier, ses revenus montaient encore à plus de vingt-cinq mille livres et des centaines de Savoyards y allèrent compléter leurs études de droit civil et canonique.

(1) Voici la date de la fondation de quelques-unes : Aix en 1409, Dôle 1423, Poitiers 1431, Caen 1433, Bordeaux 1440, Bâle 1460, Nantes 1460, Bourges 1469. Les Papes encourageaient ce mouvement. Martin V avait fondé lui-même, dès 1425, l'Université de Louvain qui devint si célèbre. Nicolas V († 1455) fut l'ami et le protecteur des lettres. Il recueille à Rome plus de cinq mille manuscrits, tant grecs que latins, sur toutes espèces de sciences et de littératures, il récompense et honore les savants et réunit une véritable armée de peintres, de verriers, de calligraphes, d'enlumineurs, d'orfèvres et de brodeurs,

Quatre ans après la fondation du collège d'Avignon, un fervent catholique de Genève, François de Versonnex, alors syndic, dans le but de soustraire à de dangereux contacts les écoliers logés dans les hôtelleries ou dans les maisons bourgeoises, dota la ville d'une école supérieure soit d'un collège, *magna schola, magnum gymnasium*. Il fit construire à Rive une maison assez vaste et la céda à la ville pour qu'on y enseignât la grammaire latine, la logique et les arts libéraux qui comprenaient alors la rhétorique, la philosophie, la grammaire, l'arithmétique, la géométrie, l'astronomie et la musique, *grammatica, logica, rhetorica et poetria* (1). — Voulant avant tout procurer aux jeunes gens une éducation chrétienne, il adjoignit à sa maison une chapellenie et stipula que, tous les lundis, les recteurs assisteraient à une messe dite pour le repos de son âme et que tous les écoliers diraient chaque matin un *Pater* et un *Ave* à la même intention. L'enseignement était entièrement gratuit.

Chose remarquable, parmi les témoins présents à cette fondation figurent six chanoines gradués, à savoir : Guillaume d'Arenthon, bachelier *in utroque jure;* Louis Parisii, licencié en droit canonique et civil; Anselmo de Chelnay et Jean de Nicose, bacheliers *in decretis;* Jean Moine, docteur et Henri Fabri, licencié en droit. On sait du reste que, pour être admis dans le chapitre de Saint-Pierre, il fallait être noble ou docteur : la science alors déjà tenait lieu de blason.

Mais ce n'était pas seulement le clergé qui recherchait ainsi les honneurs de la licence et du doctorat; c'étaient encore les laïques. Sur les quatre syndics de l'année 1417, trois étaient docteurs ès-lois, *jurisperiti*. Bonivard lui-même s'étonne « du grand nombre de savants que Genève renfermoit depuis plus de cent vingt ans » avant qu'il arrivât, soit avant la Réforme (2). « Non seulement les magistrats, mais encore les simples marchands et industriels genevois

---

(1) Reg. du Conseil, 14 janvier 1513.
(2) *Advis et devis des langues*, page 7-23.

correspondaient en français et en latin et bon nombre d'entre eux y ajoutaient la connaissance de l'allemand et de l'italien, quelquefois même de l'espagnol (1). »

Enfin, grâce aux excellentes écoles de la ville, la lecture et l'écriture étaient *le partage de tous les citoyens* (2).

En dehors de Genève, les écoles que nous avons signalées précédemment continuent de prospérer, entre autres celles d'Annecy (3), celles de la Roche où Guillaume Fichet fit ses premières études vers 1440 (4) et celles de Thonon dont le recteur est maître ès-arts (5).

On en découvre de nouvelles, par exemple, celles d'Hermance (6), dont le recteur M° Louis de Donaria est témoin à Genève le neuf septembre 1459, celles de Cluses (7) dirigées par un ecclésiastique (1462-1477) et celles de Rumilly dont M. Croisollet (8) nous fait connaître divers recteurs entre les années 1427-1492.

Le diocèse en possédait beaucoup d'autres encore : car le nombre des jurisconsultes, des bacheliers ès-décrets, des docteurs en droit et en théologie était incalculable. Celui

(1) Galiffe, *Quelques pages d'histoire exacte*, page 00.
(2) Ibid.
(3) Ducis, *Revue sav.*, 1880, p. 10, et 1883, p. 55; M. Bonnefoy cité par de Jussieu.
(4) Grillet, *Dict. hist.*, I, 398. Dans son *Histoire de La Roche*, le même auteur donne le nom de Jean Mathel, recteur en 1440, et de Jean d'Anvin en 1493.
(5) Le 13 nov. 1470, J. Brochut, vicaire général, confère à Jean Boerii, maître ès-arts, la direction et l'administration des écoles de la ville de Thonon pour quatre années et *ultra dum benefecerit*. (Archives épiscop., tome I.) — Je ne parle point des deux écoles de Thonon dont la visite de 1411 fournissait, disait-on, la preuve : vérification faite, j'ai vu qu'il y avait eu erreur de lecture.
(6) Archives épisc., tome I.
(7) Ibid., VI. Le 18 janvier 1477, l'évêque de Claudiopolis donne la tonsure à deux élèves de Cluses dans la maison qu'habitait M¹° N. Mathieu, recteur des écoles de la localité. — Voir aussi de Jussieu, page 18.
(8) *Hist. de Rumilly*, p. 87. — Nous savons que des écoles florissantes existaient aussi, à cette époque, sur la rive droite du lac Léman, v. g. : à Romont, Estavayer, Vevey, Payerne et Moudon. (Gremaud, *Notice sur Romont.*)

des notaire ne l'était pas moins : le moindre village en possédait et souvent plusieurs à la fois. Or, ces notaires savaient la langue latine, l'arithmétique, le droit romain et le droit féodal (1).

Durant ce siècle et le suivant, quantité de Savoyards vont étudier à Valence sous les illustres professeurs Orlhan, Millet, Gribaldi, Cujas, etc. D'autres étudient à Paris, à Toulouse, à Tournon et, pour la médecine, à Bourges ou à Montpellier (2). D'autres franchissent les Alpes et vont faire leurs études soit à Turin, soit à Rome, où ils sont logés et entretenus à l'hospice Saint-Louis (3).

Aussi, est-elle longue la liste des hommes remarquables que notre diocèse vit surgir. Outre ceux déjà nommés, nous citerons François de Conzié, archevêque d'Arles, puis patriarche de Constantinople ;

Aimon de Chissé, qui fonda dans la ville de Grenoble, dont il était évêque († 1427), un hôpital et six bourses gratuites pour la nourriture et l'instruction des enfants du peuple ;

Le Bienheureux Louis Allamand, de Saint-Jeoire, archevêque d'Arles, cardinal et président du concile de Bâle († 1450) ; Bertrand de Dérée, président du Conseil de Genevois († 1488) ;

Guillaume Tardy d'Annecy, professeur de rhétorique à Paris (1480), et Jean de Seyssel, recteur de l'Université de cette ville (1460) ;

---

(1) De Foras, *Nobiliaire*, art. *Cohendiers*. — Le même auteur a constaté l'existence de quatorze notaires dans la seule petite ville de Bonne en l'année 1485.

(2) St-Genis, *Hist. de Savoie*, II, 41.

(3) Il fut très grand, au XVme siècle, le nombre des Savoyards qui séjournèrent à Rome. Les uns s'y rendaient par dévotion aux tombeaux des Apôtres ; les autres y allaient étudier les beaux-arts ; les autres, enfin, y furent entraînés par les cardinaux savoisiens de Challant, de Brogny et de Saint-Jeoire. La colonie savoisienne y était si importante qu'elle y concourut pour un tiers à la fondation de l'église et de l'hospice Saint-Louis élevés, en 1441, par les étrangers parlant la langue française.

Pierre Chevrier, de Rumilly, le meilleur orateur de Rome sous le pontificat d'Innocent VIII ;

Jean Bourgeois, fondateur des Cordeliers de Cluses, prédicateur et confesseur du roi de France (1471);

Le P. Amable d'Antioche, religieux du même couvent, qui se distingua par son rare talent dans la prédication et fonda le couvent de Morges (1497);

Pierre Bernard, *aliàs* Alinge, curé de cette même ville de Cluses, et qualifié de docteur excellent et fameux, *egregius famosusque doctor* (Archives épisc., 1471-1478);

Enfin et surtout, *Claude de Seyssel*, évêque de Marseille et chancelier de France, appelé *l'ornement de son siècle*. Claude de Seyssel possédait à la fois la science du droit qu'il enseigna avec un succès merveilleux, une grande éloquence qui lui attira l'estime des princes et les éloges de l'illustre Léon X, et un style net, précis, plein de grâce. — Il traduisit, le premier et avec beaucoup de naturel, l'*Histoire ecclésiastique* d'Eusèbe, les ouvrages de Thucydide et de Xénophon. Il écrivit lui-même une histoire fort estimée du règne de Louis XII dont il fut le conseiller, d'excellents commentaires sur saint Luc, d'autres sur le droit civil et un traité *de Triplici Statu viatoris* que des savants appellent une œuvre *immense*.

« Parmi les choses qui parlent le plus en faveur de l'état avancé de l'instruction, dit un auteur genevois (1), il faut compter les fêtes de réception en général et plus particulièrement les *hystoires* ou représentations théâtrales qui en faisaient partie.

« Suivis des conseillers et des plus apparents de la ville, les syndics, portant la masse, allaient jusqu'aux limites des franchises à la rencontre des hôtes illustres, évêques, princes, etc., qu'on avait décidé de recevoir avec honneur. On les complimentait, on leur disait des choses gracieuses ou plaisantes. Chemin faisant, on les divertissait par des parades militaires, des mascarades, danses, allégories, des machines ingénieuses, des spectacles en plein vent joués sur

(1) Galiffe, *Genève historique et archéol.*, I, 310.

les places principales de la ville, ornées de tapis et de verdure. »

Écoutons Perrinet du Pin nous raconter la réception que Pierre de Genève et sa femme firent, vers la fin du xiv° siècle, au comte de Savoie Amédée le Rouge et à son épouse, Bonne de Berry :

« Nobles et puissants chevaliers, gentes pucelles et gra-
« cieuses damoiselles qui chantoient lais, rondeaux, bal-
« lades et portoient petits chapeaux de fleurs..., petits
« enfants qui portoient des pennonceaux aux armes de
« Savoie et de Genève ; menestriers jouant de divers ins-
« truments ; jouvenceaux vestus de diverses façons, execu-
« tans sur le chemin, danses moresques, farces et masca-
« rades pendant lesquelles on entendait les menestriers
« corner, les harpes sonner melodieusement, les flûtes se
« répondant les unes aux autres par compas et proportion
« de musique ; les cymbales, les rebecs, les musettes
« s'accorder en symphonie, les trompettes souffler et les
« clairons retentir... ; l'évêque et le clergé en procession,
« au son des cloches, revêtus de riches chapes, chantans
« hymnes et versets, portans croix et reliques. A droite
« et à gauche, les serviteurs de l'Eglise en habits de diacre,
« parfumant l'air de l'odeur suave de leur encensoir ; les
« bourgeois et gens d'état venant présenter leurs services,
« le reste du commun peuple faire humble reverence ; les
« laboureurs du pays qui, par forme de divertissement,
« imitoient diverses chasses aux lièvres, cerfs et bêtes de
« plusieurs autres guises. Sur le chemin, des tables dres-
« sées, garnies de pain, de vin, de fruits et de viande où
« le premier venu pouvoit se satisfaire, etc. »

C'est au travers de toutes ces merveilles que l'illustre couple et son escorte entrèrent dans la cité richement tendue de tapisseries et « il n'y eut de petits lieux où passant le prince pour aller à Saint-Pierre, il ne se fît hystoires par personnaiges plaisantes et moult delectables à regarder. »

Des fêtes semblables se donnaient à l'avènement de tous les évêques, à l'arrivée des ducs et duchesses de Savoie et même pour des personnages moins élevés ; c'est ainsi qu'on reçut en 1526 et en 1531, les ambassadeurs fribourgeois et bernois qui venaient prêter le serment de combourgeoisie.

Genève n'avait point le monopole de ces fêtes. On pourrait composer une assez longue liste des Mystères joués, durant le xve et le xvie siècle, à Saint-Jean de Maurienne, à Modane, à Chambéry, à Montmélian, dans les vallées du Faucigny, à Annecy même, sur la place de Notre-Dame de Liesse (1).

« Les pièces de théâtres étaient toujours en vers (2) et, ce qui est plus remarquable, elles étaient (à Genève) invariablement composées par des Genevois, les premiers venus pour ainsi dire et elles ne se répétaient jamais d'une fête à l'autre. Quelques semaines et, dans les cas imprévus ou pressés, *quelques jours seulement* avant l'arrivée des héros de la fête, le Conseil chargeait l'un ou l'autre de ses membres ou tout autre citoyen lettré, de composer des *hystoires*, d'en distribuer les rôles, de veiller à la confection des costumes et des décors et, en général, à ce que tout se passât convenablement ; cela suffisait : tout au plus s'excusait-on de n'avoir pu composer que « quatre hystoires » au lieu de six (3).

« Le mystère choisi ou composé, on dressait une liste des rôles et des costumes. Pour remplir ces rôles généralement fort nombreux (pour les scènes de la Passion, ils s'élevaient à 60 ou 80), les membres de l'*Abbaye* s'adjoignaient des bourgeois qui consentaient volontiers à partager leurs frais et leurs peines. De fréquentes répétitions préparaient les acteurs. Les *chaffaux* ou tréteaux se dressaient

---

(1) *M. D. G.*, I et XVI ; *M. Acad. Sav.*, I, V et VIII.

(2) Voici, pour donner une idée de cette poésie, le souhait de bienvenue débité, en 1526, à la duchesse Béatrix de Portugal :

Dame de grand magnificence	Vostres som'mes) tels que vous voyez.
La tres bien arrivée soyes	Nous ferions pour vous, croyez
Icy venons en ordonnance	Plus que pour dame qui ait vie ;
Pour vous donner réjouissance	Vous valez bien d'estre servie.

(3) Registres du Conseil, 1493.

d'habitude en plein vent sur la place publique. Le peuple prêtait volontiers le concours de ses bras ou de sa bourse et acquérait ainsi le droit d'assister gratuitement au jeu. Les syndics eux-mêmes venaient parfois en aide à la Bazoche (1).

« Une fois la curiosité des habitants satisfaite, les acteurs se transportaient parfois dans les localités voisines. Ainsi, voyons-nous cinquante gentilshommes bourgeois ou habitants de Montmélian venir à Chambéry, en 1470, jouer la *Moralité de la Vie de sainte Suzanne* devant Amédée IX et la duchesse Yolande.

« Outre les mystères en six actes qui paraîtraient aujourd'hui peu divertissants, il y avait des pièces beaucoup plus libres qu'on nommait *sotties* ou *moralités*, dans lesquelles on faisait intervenir des personnages vivants, connus, qui jouaient quelquefois leur rôle en personne. Nos pères étaient plus à l'aise dans ce genre frondeur et grivois et ils ne se gênaient guère lorsqu'ils trouvaient l'occasion d'amuser le public aux dépens des personnalités voire les plus importantes (2). »

Ils finirent même par en abuser à tel point que le Sénat de Savoie porta, à maintes reprises, défense de faire « aucunes abbayes, charavaries ou autres assemblées illicites (3). »

Le goût de la lecture n'était pas moins vif et général que le goût des spectacles, et c'est pour le satisfaire que furent composés les innombrables romans de chevalerie que ce siècle et les précédents nous ont légués.

Pendant que les romanciers écrivaient pour amuser le public, des savants étudiaient les secrets de la nature et faisaient de précieuses découvertes. L'Italie trouva la gravure sur cuivre (1460), les bombes et les mortiers (1467); la France inaugura la poste aux lettres (1469) et les

(1) Perrin, *La Bazoche*, etc., p. 39.
(2) Galiffe, *Genève histor.*, I, 310-320.
(3) Arrêt de 1600, renouvelé en 1641, 1670, etc.

premières fabriques de soie (1470); un Allemand fabriqua la première montre de poche (1477).

Mais il est surtout deux inventions de cette époque qui remuèrent le monde entier et qui donnèrent à l'instruction publique, aux lettres, aux sciences, aux arts et au commerce une impulsion immense : la première, c'est l'invention de l'*imprimerie*.

Un habitant de Mayence, Gutenberg, trouva, en 1436, le secret de reproduire l'écriture avec des caractères fondus.

L'Eglise, qu'on nous représente volontiers comme ennemie du progrès et de la science, l'Eglise applaudit à cette découverte « très propre par le grand nombre de livres qu'elle met sans beaucoup de frais à la disposition de tout le monde à exercer les esprits dans les lettres et les sciences et à former des érudits dans toutes les langues, surtout des érudits catholiques, capables de convertir les infidèles, de les instruire, etc. (1). »

Les moines et les prêtres, qui avaient contribué à la diffusion des lumières par la transcription des manuscrits, se retrouvèrent encore pour rendre à la société le même service par l'imprimerie. On vit un grand nombre d'ecclésiastiques se faire imprimeurs, des évêques mêmes se faire protes et correcteurs d'épreuves. Une imprimerie existait au couvent de Subiaco près de Rome dès 1467. C'est à un prêtre de Strasbourg que Naples dut son premier livre sorti des presses qu'il y établit en 1471; ce sont des prêtres qui introduisirent le nouvel art en Lorraine; les premiers essais typographiques, à Bruxelles, eurent pour auteurs des Frères de la vie commune, 1476. Enfin, c'est à un prêtre bavarois, Jean Heynlin, et à un prêtre savoyard (2), GUILLAUME FICHET, que Paris et la France durent leur première imprimerie (1470).

Né dans la paroisse du Petit-Bornand, le 24 septembre 1433, d'une famille honorable, Guillaume Fichet fut placé

---

(1) Ces paroles sont du cinquième concile de Latran, session x.

(2) C'est encore un savoyard, Pierre Brun, qui introduisit l'imprimerie à Barcelone (Espagne) en 1471. (*Revue sav.*, 1878, p. 120.)

jeune encore aux écoles de la Roche où il apprit les premiers éléments de la grammaire et de la langue latine. Il se rendit ensuite à Avignon, puis dans la capitale de la France; devint docteur de Sorbonne, enseigna successivement les humanités, la rhétorique, la philosophie, la théologie et le fit avec tant de succès qu'il fut, en 1467, nommé recteur de la célèbre Université de Paris.

Fichet avait, au nombre de ses amis et collègues, un prêtre de Spire, nommé Jean Heynlin soit Jean de la Pierre, lettré comme lui, grand amateur de livres et grand admirateur des chefs-d'œuvre de l'antiquité. Dans leur désir de faciliter à tout le monde la possession de ces chefs-d'œuvre, ils résolurent d'introduire à Paris la découverte de Gutenberg. Ils appelèrent de Bâle trois ouvriers qui furent les trois premiers typographes parisiens et qui imprimèrent, en 1470, les *Lettres latines* de Gasparin de Bergame et, l'année suivante, la *Rhétorique* composée par G. Fichet lui-même. Ce livre, qui contribua beaucoup à relever l'éloquence en France, fut le premier ouvrage imprimé à Paris en langue française.

Le nouvel art se répandit dès lors avec une rapidité merveilleuse. Nous trouvons un imprimeur à Genève dès 1478 : il y avait sans doute été appelé par l'évêque Jean-Louis de Savoie qui, à l'exemple de tous les membres de sa famille, aimait les lettres et possédait une riche collection de livres (1); un autre, à Chambéry, en 1484, etc.

La seconde grande découverte qui marqua la fin du siècle, ce fut la découverte du Nouveau-Monde faite le 12 octobre 1492, par le célèbre Génois, Christophe Colomb.

Cet évènement, qui ouvrait un champ immense aux navigateurs et aux missionnaires, lança les esprits dans l'étude

---

(1) La bibliothèque du Séminaire d'Annecy possède un beau Missel in-folio de 264 pages avec cette indication : « Missale ad usum Gebennensis diocesis per magistrum Joannem Fabri impressum et accuratissime emendatum ad opus honorabilis viri Johannis de Stalle burgensem Gebennensem. Explicit feliciter anno Domini millesimo quadringentesimo nonagesimo primo, die vero ultima mensis Maii. »

de la géographie et de l'astronomie et amena ainsi la découverte du chanoine Copernic, qui, le premier, trouva le véritable système du monde (1510-1530).

CHAPITRE VI

XVIme siècle.

Règlement pour les écoles. — Fondations de collèges.

Le xvime siècle commençait donc sous de brillants auspices. La France avait à sa tête François I", qui mérita d'être appelé le *père des lettres*, et elle admirait les poésies élégantes de Marot, la verve de Rabelais et la vaste érudition d'Érasme.

L'Italie en était à son siècle d'or. Elle dévorait les poèmes grandioses de l'Arioste; elle montrait avec orgueil les chefs-d'œuvre inimitables du Titien, du Corrège, de Raphaël, de Michel-Ange et de cent autres artistes de génie gravitant autour du pape Léon X qui les encourage et les comble de privilèges et d'honneurs. — Elle voyait en même temps de saints personnages fonder des congrégations religieuses dont le but principal était l'instruction du peuple : celle des *Somasques* (1531) pour les garçons et celle des *Ursulines* (1537) pour les filles.

La Savoie, et partant notre diocèse, placée entre ces deux pays, ne pouvait rester étrangère à ce grand mouvement scientifique et littéraire.

Genève, outre les grandes écoles, ou collèges, fondées par F. de Versonnex, restaurées et agrandies en 1502, avait de petites écoles tenues par un ancien recteur (1).

---

(1) Jean Mandrilionis, recteur des écoles de Genève, reçoit la tonsure le 8 juin 1508. Le 17 janvier 1533, on reprit aux gages de cinq florins par mois, un ancien recteur de la terre de Saint-Claude

Il y avait de plus, sur la rive droite, un régent qui ne se contentait pas d'apprendre à ses élèves la lecture et l'écriture, il leur enseignait encore le latin. Le recteur de la grande école, regardant cela comme une concurrence illicite, se plaignit et les syndics défendirent au recteur de Saint-Gervais « d'instruire des garçons sachant les psaumes et de recevoir des enfants demeurant de l'autre côté du Rhône (1). »

Les filles avaient aussi leur école. Dans son *Récit de l'Apostasie de Genève*, Jeanne de Jussie nous apprend qu'elle fut *écolière* à Genève et elle fit honneur à ses maîtresses ; car, au dire même des auteurs protestants (2) « elle possède l'art de donner aux personnages qu'elle met en scène et aux incidents qu'elle décrit, une physionomie pleine de relief et de réalité : elle fait, sans y viser, des portraits tout remplis de vie. »

Ils se trompent donc d'une manière étrange, ou ils mentent sciemment, ces écrivains genevois qui prétendent que Genève *papiste* était ignorante, qu'elle ne possédait ni instruction, ni grand collège, ni école, ni auditoire (3). Loin de faire progresser les études, la Réforme les fit rétrograder. « Avec elle, nous dit Galiffe (4), le latin périclita et cessa d'être employé dans la rédaction des protocolles du Conseil, et l'allemand, fort connu auparavant, fut complètement abandonné. » Les beaux-arts eux-mêmes et la sculpture, surtout la sculpture sur bois, la peinture et spécialement la peinture sur verre, qui était très répandue dans l'ancienne Genève (5), disparurent à l'invasion du protestantisme.

---

et dont on faisait un grand cas à Genève, Jean Christin ou Crespin. Ce Jean Christin, maître ès-arts libéraux, fut nommé, le 20 mai suivant, recteur de l'hôpital du pont du Rhône. (Archives épiscop.)

(1) Galiffe, *Genève histor*, I, 67 ; Registres du Conseil, 1511-1527 et 17 avril 1520.
(2) Albert Rilliet.
(3) *Le Jubilé de la Réformation*, 1835, page 9.
(4) Galiffe, ibid.
(5) M. D. G. IV, V et VI. — Genève avait en 1421 un facteur d'orgues. (M. D. Sav. XXV.)

En dehors de Genève, nous retrouvons les écoles d'Annecy (1), celles de Thonon et celles de Gex (2) toutes dirigées par des ecclésiastiques ; celles d'Hermance, tenues par un laïque, Claude Longet (3) ; celles de Thônes, dont un Claude Duborjal est recteur en 1545 (4) ; et celle de La Roche, que dirigeait, au commencement du siècle, Pierre Veillard, « homme éminent, non seulement par son « orthodoxie, mais encore par la sainteté de ses enseigne- « ments et de sa vie ; excellent à tel point dans l'interpré- « tation des poètes et des auteurs, qu'il les transformait « presque en évangélistes par les leçons qu'il savait en « tirer (5). »

Ce vertueux et savant professeur forma des élèves qui acquirent plus tard une grande célébrité, par exemple Claude Lejay et le bienheureux Lefèvre.

Claude Lejay d'Aise, entré le septième dans la Compagnie de Jésus, s'attira, par son savoir, l'admiration du Concile de Trente et de l'Autriche entière, réorganisa l'Université d'Ingolstadt et dirigea avec habileté celle de Vienne, où il mourut en 1552.

Pierre Lefèvre ou Favre, né au Villaret, hameau de Saint-Jean-de-Sixt, le 13 avril 1506, fut envoyé — d'abord aux écoles de Thônes, si l'on en croit divers auteurs (6), puis — aux écoles de La Roche. Devenu habile dans les belles-lettres, dans la philosophie et même dans la théologie, possédant à perfection le latin et le grec, le jeune Favre sentait grandir en lui le désir d'apprendre. Il se rendit à l'Université de Paris, qui était depuis longtemps l'un des centres les plus brillants et les plus fréquentés de l'enseignement des choses divines et humaines, et il surpassa bientôt tous ses condisciples. L'ami et l'émule du célèbre

---

(1) Mercier, *Souvenirs d'Annecy*, page 338.
(2) Archives épisc., décembre 1807, mars 1808 et 1823.
(3) Archives Thorens de Massongy, minutes Quisard.
(4) Archives municip. de Thônes.
(5) Le P. Lefèvre, dans son *Mémorial*, n° V.
(6) Bertholi ; P. Maurel, *Vie du Bienheureux* ; Vittoz, *Apostolat...*, page 418.

François-Xavier, Favre entra comme lui dans la Compagnie de Jésus, dont il fut le premier prêtre et parcourut tour à tour l'Italie, l'Allemagne et la péninsule Ibérique, fondant partout des collèges, évangélisant avec un immense succès les peuples et les princes, fortifiant dans la vraie foi les âmes hésitantes, et ramenant en foule celles qui s'étaient laissé égarer par les déclamations de Luther et des novateurs de l'époque.

Dans le temps même que le P. Favre raffermissait l'Allemagne dans la foi catholique, la Savoie, son pays natal, était devenue la proie de l'étranger et se voyait entamée par l'hérésie. L'an 1536, les Français envahirent le Genevois, la Savoie propre, la Tarentaise et la Maurienne ; les Vallaisans occupèrent le Bas-Vallais et le pays de Gavot ; enfin, les Bernois mirent leur lourde griffe sur le pays de Vaud et sur les bailliages de Gex, Gaillard, Ternier et Thonon, soit sur tout le beau pays qui se mire dans les eaux bleues du lac Léman. Apostats de la foi catholique, ces derniers ne se contentèrent pas de signaler leur invasion par l'incendie et le pillage, ils opprimèrent le pays conquis en lui imposant la prétendue Réforme dont il ne voulait point.

De son côté, Genève qui, dans nos contrées, avait donné le signal de l'apostasie, Genève qui, à l'instigation de Berne, venait de chasser son évêque et ses prêtres et de les remplacer par une foule de moines en rupture de célibat, Genève devint un foyer d'agitation et de propagande calviniste. — Elle envoyait sans cesse de hardis émissaires qui s'en allaient semant des Bibles falsifiées, des brochures, des livres hérétiques, ou bien prêchant eux-mêmes la nouvelle doctrine. Les uns se répandaient dans notre pays sous prétexte de commerce ou d'affaires ; d'autres, pour mieux s'insinuer dans les familles, se présentaient comme précepteurs et se faisaient maîtres d'école.

Les autorités civiles et religieuses luttèrent avec énergie pour empêcher la diffusion de l'erreur. Les Etats Généraux de Savoie portèrent la peine de mort contre les prédicants et les fauteurs du nouvel Evangile. Les évêques, réunis en

Concile à Trente, dans le but de former un clergé instruit et zélé, décrétèrent l'érection des Séminaires ; les prêtres consacrèrent leur fortune et leurs loisirs à propager l'instruction dans le peuple. Aux collèges protestants de Genève et de Lausanne, ils opposèrent des collèges catholiques ; aux écoles protestantes, ils opposèrent les écoles de *charité* ou petites écoles, qui se multiplièrent avec une rapidité extraordinaire, notamment dans la Tarentaise et dans la Maurienne.

« Ainsi, dit un auteur récent (1), ainsi l'Eglise, pour faire œuvre de bienfaisance et pour se défendre, fut en Savoie la *fondatrice des écoles primaires.* »

Les unes étaient tenues par les curés ou par les vicaires, ou même par les chapelains, qui, dans leurs moments libres, réunissaient dans une chambre les enfants du village et leur apprenaient à lire et à écrire. Les autres, plus nombreuses encore peut-être (2), étaient dirigées par des maîtres laïques avec lesquels la communauté passait un arrangement temporaire.

Ces maîtres, étrangers pour la plupart, venus des montagnes du Dauphiné ou des Hautes-Alpes, n'offraient pas toujours des garanties suffisantes de moralité et d'orthodoxie. Pour obvier à tout danger, le duc Emmanuel-Philibert, comme nous le verrons tout à l'heure, fit rédiger et publia des règlements qui furent, croyons-nous, la *première* et la *seule* législation de l'instruction primaire en Savoie avant 1789.

Ce jeune prince, à la mort de son père (septembre 1553), se voyait dépouillé de tous ses Etats ; mais il lui restait son bras et son génie. A la tête des armées autrichiennes, dont il était généralissime, il gagna sur les Français les célèbres batailles de Saint-Quentin et de Gravelines, et les contraignit

---

(1) F. Buisson, *Dictionn. de pédagogie*, art. *Savoie.*

(2) Ces écoles devaient être nombreuses, car les lettres-patentes du 12 fév. 1566 s'expriment ainsi : « Comme les communautés de *toutes les parties de nos Etats* ont coutume de passer des arrangements temporaires avec des maîtres d'école, etc. »

eux et les Suisses leurs alliés à rendre la majeure partie des provinces qu'ils avaient usurpées (1559-1569).

Rentré en possession de son duché, Emmanuel-Philibert s'occupa d'y réorganiser l'administration et l'enseignement. Il favorisa l'agriculture et l'industrie, fit planter une immense quantité de mûriers, donna l'idée des canaux d'irrigation, établit partout des filatures de laine, des fabriques de drap, et fit venir de l'étranger des maîtres intelligents pour les perfectionner.

La question de l'enseignement attira particulièrement son attention. Il commença par défendre aux gens de lettres de ses Etats d'aller professer à l'étranger (31 janvier 1560). Puis, encouragé par son épouse, Marguerite de France, qui était l'amie de Marot ; aidé par un jésuite, le P. Louis Codret de Sallanches, il fonda un collège à Mondovi, un autre à Turin, un autre enfin à Chambéry où l'on enseigna d'abord la grammaire (1564), les mathématiques (1573), et plus tard, grâce au concours de généreux bienfaiteurs, les humanités, la rhétorique, la philosophie et même la théologie (1).

Il étendit ensuite sa sollicitude aux écoles élémentaires soit aux petites écoles.

Désireux, avant tout, d'écarter de la jeunesse tout ce qui pouvait altérer sa foi, exciter ses passions et corrompre ses mœurs, il promulga les ordonnances suivantes :

1° Nul étranger ne sera admis à instruire les enfants sans avoir été approuvé par le Sénat et par l'autorité religieuse ;

2° Tous maîtres et toutes maîtresses d'écoles devront, devant le clergé de la paroisse et les écoliers, en présence du juge de la terre, des syndics, de trois ou quatre conseillers de la communauté et d'un notaire réunis à l'église,

---

(1) De ces bienfaiteurs les principaux sont : Pierre de Lambert, évêque de Maurienne, qui donna 2700 écus d'or ; Louis Gillette, préfet de la Sainte-Maison de Thonon, et le dernier prieur de Megève, qui lui donna toute son hoirie.

faire, avant d'entrer en fonction, *profession publique de la foi catholique* dans la forme déterminée par l'archevêque de Turin ; ils écriront cette confession, la signeront de leur propre main, l'afficheront dans la salle et la feront réciter une fois par mois à leurs élèves qui devront en avoir chacun une copie ;

3° A l'entrée de la classe, ils feront réciter à leurs écoliers, le *Pater*, l'*Ave* et le *Credo* ;

4° Ils emploieront comme abécédaires et livres de lecture pour les commençants, des livres catholiques approuvés par des Universités françaises et non point des livres profanes et immoraux, comme l'*Art d'aimer* d'Ovide, etc., plus capables de pervertir la jeunesse que de la porter à la vertu ;

5° Ils feront apprendre, tous les jours, à leurs élèves le catéchisme de Canisius ;

6° Enfin, aux dimanches et fêtes solennelles, ils les conduiront aux offices de l'Eglise et ils les feront confesser et communier quatre fois l'année « afin que par cy après abhorissans et fuyans le péché, ces élèves fassent un passage en un estat plus vertueux (1). »

Une phrase de ce règlement citée plus haut, prouve qu'à cette époque les petites écoles étaient déjà nombreuses ; elles ne firent que se multiplier depuis. Ainsi, à toutes les écoles précédemment énumérées, nous pouvons ajouter celles de Nyon, dont le recteur M° George Boval, est témoin le 30 septembre 1596 (2) et celles de Sixt fondées deux ans plus tard par Nicolas Ducroz, bachelier de Sorbonne (3).

Parmi les régents qui dirigeaient ces écoles, se rencontraient des hommes aussi distingués par leurs talents que par l'étendue de leurs connaissances. Citons, notamment, Jean Meynens ou Ménenc de Cluses, que la Roche, Rumilly,

---

(1) Lettres-patentes des 18 janvier 1861, 12 février 1866, 1er et 7 avril 1867 ; arrêt du Sénat du 21 fév. 1862. — St François de Sales, au synode de 1609, renouvelle pour les régents laïques l'obligation de faire profession de foi sous peine d'être châtiés.

(2) Archiv. Thorens de Massongy, min^{tes} Besson.

(3) Grillet, III, 303.

Thônes, Evian même, disputèrent longtemps à sa ville natale. Dans sa *Sauvegarde pour les disciples* (Lyon 1601), Ménenc donne à tous les jeunes gens d'excellentes leçons morales exprimées dans un style coulant, imagé, qui plus d'une fois rappelle le faire de Montaigne. Et, dans un siècle où l'on prétend que l'Eglise et la monarchie étouffaient la liberté de penser et d'écrire, ce régent, tout dévoué d'ailleurs à la religion catholique et à ses chefs temporels, dévoile hardiment les abus existants dans l'Eglise, fait la leçon aux princes, rappelle à la noblesse ce qu'elle doit être et combat ses préjugés (1).

Les prêtres ne se contentèrent pas d'employer leur temps et leur influence à soutenir les écoles élémentaires, ils consacrèrent les biens, dont Dieu les avait favorisés, à fonder des écoles supérieures ou collèges. Un chanoine de la cathédrale d'Annecy, nommé Eustache Chappuis, donna le premier, l'exemple. Devenu, grâce à son habileté et à son éloquence, le conseiller et l'ambassadeur de Charles-Quint, comblé de richesses et d'honneurs par son prince, Chappuis ne put pouvoir mieux utiliser sa fortune qu'en facilitant à ses compatriotes ruinés par les invasions françaises, genevoises ou bernoises, l'étude des lettres et des sciences.

Il fit, dans ce but, construire deux collèges : l'un, à Annecy, qu'il dota de deux mille cinq cents écus de France (1549-1551) et un autre collège supérieur, vaste et somptueux, à Louvain en Belgique (1549).

Après avoir appris dans le collège d'Annecy la grammaire, les belles-lettres et la philosophie, les jeunes gens de la Savoie, et spécialement ceux d'Annecy, allaient à Louvain compléter leur éducation par l'étude de la médecine, du droit ou de la théologie. Les plus méritants jouissaient d'une bourse (2) et avaient ainsi, pendant tout le cours de leurs études, soit pendant dix ans, la nourriture, le blanchissage, une chambre et un lit garni. En cas de voyage, de

(1) Jules Philippe, *Revue Sav.*, 1866.
(2) Le nombre des boursiers de Louvain, qui était de huit à l'origine, s'éleva bientôt à seize.

maladie ou de pauvreté excessive, il y avait encore un surcroît pour chacune de ces nécessités (1).

Le collège d'Annecy eut un rapide succès : car huit ans après la construction des bâtiments, il comptait plus de cent élèves parmi lesquels il y avait des enfants de la Maurienne et de la Tarentaise (2).

L'exemple de Chappuis eut des imitateurs. R^d Jean d'Angeville, prêtre de la Roche, donna sa maison paternelle à ses concitoyens pour y établir les classes (1569); et le nouveau collège, où l'on n'enseignait pourtant, dans le principe, que la grammaire et les belles-lettres, comptait, cinq années plus tard, plus de trois cents élèves (3), au nombre desquels François de Sales dont nous reparlerons plus loin.

Un abbé d'Aulps, Pierre-Jérôme de Lambert, fondait, vers la même époque (1574), un collège à Evian et assignait cent écus d'or de revenu annuel sur sa mense abbatiale pour l'entretien des régents de grammaire. Cette pension, accordée à perpétuité par bulle pontificale du 1er juin 1576 (4), fut interrompue pendant les guerres de la fin du XVIIe siècle ; mais elle fut rétablie le 16 février 1694 par Philibert Milliet, abbé d'Aulps, à la condition que les novices et les sujets de l'abbaye seraient admis de préférence à en bénéficier (5).

Thonon, devançant sa voisine, possédait, depuis quelques années, un petit collège avec douze bourses gratuites fondées par F. Echerny.

En dehors de ces collèges et de celui d'Avignon, il y avait la *maîtrise* de Genève (6) transférée à Annecy, celle de

(1) Mercier, *Souvenirs d'Annecy*, p. 343.
(2) Ducis, *Revue Sav.*, 1872, p. 82.
(3) Voir la bulle de Grégoire XIII, unissant la cure de Saint-Sixt au collège de la Roche.
(4) La même année, Mgr Ange Giustiniani, évêque de Genève, fondait à la Sorbonne de Paris douze bourses gratuites pour les élèves des Religieux de l'Observance. — La même année encore, Pierre de Lambert, évêque de Maurienne, fondait à Saint-Jean un collège auquel il légua en mourant la somme de mille écus.
(5) *M. Acad. Sales.*, II, 230.
(6) La cathédrale de Genève possédait, de temps immémorial, un

Sallanches et les écoles de monastères. C'est ainsi qu'à Talloires, vers 1580, sous le prieur Claude de Granier qui les encourageait et les aidait de sa bourse, il y avait « *quantité de jeunes escoliers* » qui donnoient de grandes espérances de bien reüssir aux sciences » et dans la suite, plusieurs d'entre eux « par leurs vertus et par une doctrine solide, honorèrent la cathédrale de Saint-Pierre de Genève et la collégiale de Notre-Dame d'Annecy (1). »

Au sortir de ces maisons d'éducation, les étudiants savoyards qui se destinaient au droit, à la médecine ou à la prêtrise, allaient en foule soit dans les collèges d'Avignon ou de Louvain dont nous venons de parler, soit dans les Universités de France ou d'Italie, et en revenaient avec le titre de docteurs (2).

Un grand nombre d'entre eux se sont même fait un nom dans l'histoire de leur pays. Commençons par les hommes d'État et les jurisconsultes; nous remarquons :

Louis de Dérée, premier président de Savoie de 1514 à 1530;

Aimon de Lestelley, de Samoëns, secrétaire de Charles III et chargé par lui de plusieurs négociations à la cour de France et auprès des cantons suisses;

Pobel Catherin, de Bonneville, qui eut l'honneur d'être le premier président du Sénat de Savoie lors de sa création en 1559;

Claude Millet, du même lieu, recteur de l'Université de Turin;

Louis Millet, de Faverges, son fils, grand-chancelier, chargé par Emmanuel-Philibert et Charles-Emmanuel, de

---

maître de chant chargé de former les enfants de chœur. En 1522, le pape Léon X, voulant augmenter son traitement, unit la cure de de Thorens à la mense capitulaire.

(1) Const. de Magny, *Vie de Mgr de Granier*, pag. 77.

(2) A la seule Université de Padoue, nous trouvons en 1591, sept Savoyards : François de Sales; Jean Déage, son gouverneur; Jean-Baptiste de Valence; Amédée de Bavoz; Guill. Martinet, docteur *in utroque*; Jacques Desgranges et J.-J. Andrier. (F. Mugnier, *S. François de Sales, avocat et sénateur*, pag. 16.

rédiger les nouvelles lois et règlements introduits par eux dans le gouvernement savoisien ;

Odinet de Montfort, de Rumilly, rédacteur du nouveau code militaire élaboré en 1562 et plus célèbre encore par son héroïque défense de Nice contre la puissante armée de Barberousse ;

Pierre Maillard de Tournon, de la même ville, le bras droit d'Emmanuel-Philibert ;

Aymon de Genève-Lullin, gouverneur de ce prince ;

Claude-Louis Alardet, abby de Filly, son précepteur ;

François Bachod, évêque de Genève, nonce de deux papes auprès du même duc ;

Claude Baptendier, d'Annecy, jurisconsulte profond et littérateur distingué, auteur de la *Pratique en fait de justice* pour le Genevois et le Faucigny (1550) ;

René de Lucinge, premier président de la Chambre des Comptes (1586-1601) ;

Et Julien Tabouet, procureur général au Parlement de Chambéry, qu'Eugène Burnier appelle un homme *universel*. « Il connaissait à fond, dit-il, les langues savantes, la jurisprudence, l'histoire, les sciences exactes et même la théologie. Il composait des vers français comme Marot et des dissertations latines comme Érasme. » Tabouet, suivant le même auteur, était originaire du Chablais et mourut vers 1562.

Riche en hommes d'État, notre pays était pauvre en historiens ; nous pouvons à peine citer Bonivard, auteur des *Chroniques de Genève*, et Pierre Lambert, auteur des *Mémoires historiques et politiques* sur le règne du duc Charles III, dont il fut l'ambassadeur auprès des cours étrangères.

En revanche, il abondait en poètes :

Jacques Pelletier, bien qu'étranger, décrivit la Savoie dans un poème imprimé à Annecy et qui n'est pas sans valeur. Le chanoine Nouvellet, docteur de Sorbonne, natif d'Annecy, cultivant le genre burlesque, publia le *Bracquemart*, les *Divinailles*, 1571, etc. ; François Miossingien et Claude Marescot, ses compatriotes, se firent une grande réputation, le premier en Italie et le second à Paris, par leurs poésies latines ; René de Lucinge, outre divers *Mémoires* en prose, écrivit un poème sur les noces de Charles-Emmanuel Ier ; Jacques de Savoie-Nemours était, au dire de Brantôme, un prince « très beau, très vaillant, bien disant, bien écrivant, tant en rime qu'en prose ». Enfin, Marc-Claude de *Buttet*, originaire d'Ugine (1520-1586), dans son *Amalthée*, sut imiter les plus fins sonnets de Pétrarque et laissa échapper parfois des traits pleins de grâce naïve :

« Beauté comme une fleur tantost naist tantost passe,
« L'une peu d'heures dure et l'autre, bien peu d'ans. »

Sensible aux beautés de la nature, de Buttet peint le renouveau avec une gentillesse d'imagination et une fraîcheur de pinceau qui, aujourd'hui même, ne serait pas décolorée. Rien n'est plus bucolique que son *Ode aux Bergers* :

Dieu vous garde, gentils pâtoreaux.
Oui, près de ces vertes coudrettes,
Faites danser sous les musettes
Vos chevrettes et vos toreaux.

Et ce portrait de l'homme esclave du vice :

Plutot dégénérant en beste,
Toujours à bas penchant la teste,
Du ciel son œil détournant ;
Egal aux brutaux qui ne vivent
Que pour périr et partout suivent
Là où le corps les va traînant (1).

Parmi les littérateurs, nous citerons encore : Pierre de Lambert, plébain de La Roche et évêque de Caserte

---

(2) M. l'abbé Morand, *La Savoie et les Savoyards au XVIme siècle*; *M. Acad. Sav.*, 3me série, tome IX.

(† 1541); Christophe Millet, natif d'Evian, (Grillet), auteur de divers ouvrages en latin et en français ; Galois de Regard, évêque de Bagnoray en Italie, savant canoniste, mort dans la ville d'Annecy, où il occupait une stalle de chanoine († 1582); Annibal Codret, de Sallanches, frère de Louis et comme lui jésuite, qui mérita par son savoir et sa vaste érudition (il possédait l'hébreu, le grec, l'italien, l'espagnol, le français et surtout le latin) d'être placé à la tête des collèges de Turin et mourut provincial d'Aquitaine († 1599).

Le clergé se faisait, on le voit, remarquer par ses tendances littéraires ; mais il brillait plus encore dans la chaire. Il n'était pas, dit Jules Philippe (1), un chanoine des chapitres de la Savoie qui ne s'essayât à l'éloquence religieuse et quelques-uns avec des succès constatés même à Paris et dans les principales villes de France.

Ceux d'entre eux qui s'acquirent la plus grande célébrité sont le P. Lejay, le P. Favre et Chappuis Eustache déjà nommés ; le P. Dubouloz, natif de Montmin, religieux de Saint-Dominique (1589) ; le Père jésuite Louis Codret, de Sallanches, choisi pour évangéliser les vallées luzernoises, où il fit de nombreuses conversions, et Gabriel de Saconex, qui fut camérier de Clément VII, et mourut en 1581, doyen de l'église de Lyon. « C'était, dit Besson (2), l'un des plus beaux esprits du xvime siècle, le plus beau parleur de son temps et le docte qui posséda le mieux les matières de controverse. » Il défendit avec un succès merveilleux, soit par la plume, soit par la parole, la doctrine catholique contre les novateurs, et on raconte que, prêchant un jour sur la pénitence, il convertit trois ministres qui étaient allés l'entendre. Nous avons de lui *Apologia pro urbe Lugdunensi contra hæreticos* et plusieurs autres traités (3).

(1) Jules Philippe, *Les Poëtes de la Savoie*, p. 38.
(2) Besson, *Mémoires*, M. Acad. Sal., II, 242.
(3) Grillet, art. *Saconey*. Vers le même temps, un religieux de l'Observance, natif de Chambéry, Michel Trepier, se faisait admirer en France par son immense érudition et par son talent dans la chaire.

Mais de tous les hommes que nous a légués le xvime siècle, celui dont la gloire sera toujours la plus pure et la plus durable, c'est celui dont nous allons parler au chapitre suivant.

CHAPITRE VII

XVIIme siècle.

Le siècle de saint François de Sales. — Fondation de nombreux collèges.

A la fin du xvime siècle, un astre radieux commençait à se lever sur le diocèse de Genève qu'il devait à jamais éclairer de sa lumière; cet astre, c'était François de Sales.

Né au château de Sales dans la paroisse de Thorens, d'une famille illustre, François fit ses premières études au collège voisin de La Roche. Il fréquenta ensuite le collège d'Annecy, les Universités de Paris et de Padoue; et revint dans sa patrie couronné de la double auréole de la science et de la vertu, voyant ouvert devant lui le chemin des honneurs et de la gloire humaine.

Mais François, qui depuis longtemps avait dit adieu au monde, François revêt une soutane, reçoit la prêtrise et bientôt après prend le bâton du missionnaire.

Après quatre années de sublimes efforts, il avait converti le Chablais. Cette œuvre accomplie, il fallait l'assurer; il fallait empêcher les Savoyards, qui entouraient Genève et Lausanne, d'aller étudier dans ces villes protestantes les sciences et les arts libéraux. Le moyen le plus efficace était d'établir à Thonon même, au centre du pays converti, une Université catholique; François le suggéra à son évêque et à son prince.

L'évêque applaudit au projet de l'Apôtre; le duc Charles-Emmanuel lui promit son concours et le pape Clément VII, par bulle du 13 septembre 1599, érigea cette Université sous le nom d'*Auberge de toutes les sciences et de tous les arts*, en lui conférant tous les privilèges dont jouissaient les Universités de Bologne, de Pérouse, etc., et lui unissant à perpétuité les prieurés conventuels de Saint-Jeoire, de Nantua (1) et de Contamine-sur-Arve.

Il confia le gouvernement de cette Université, plus connue sous le nom de Sainte-Maison, à un préfet et à sept prêtres séculiers qui devaient suivre la règle de la Congrégation de l'Oratoire, lui donna pour protecteur en titre le cardinal *Baronius*, et établit pour premier préfet l'initiateur (2) de l'œuvre, le prévôt François de Sales, avec plein pouvoir de rédiger, de concert avec ses prêtres, toute sorte de statuts et de règlements, de les modifier, de les interpréter et au besoin de leur en substituer d'autres plus opportuns.

L'institut nouveau fut divisé en quatre sections ou facultés principales :

La première, celle de théologie, composée d'un préfet, de sept prêtres et de sept enfants de chœur ;

La deuxième, celle des prédicateurs ;

La troisième section comprenait l'enseignement primaire et secondaire, ainsi que les facultés de droit et de médecine qui ne tardèrent pas à fonctionner ;

La quatrième était la section des métiers.

Sur la fin de l'année 1602, l'institution possédait une chaire de *théologie*, un *collège* et quatre professeurs, une *école* d'arts et métiers avec un imprimeur, des fabricants de papier, des mécaniciens ou serruriers, des passementiers, des armuriers, etc. Peu après on y trouve un musicien et un docteur en médecine. Elle comprenait,

(1) Le prieuré de Nantua, étant entré peu après dans le territoire français, le pape unit à la Sainte-Maison l'abbaye de Filly, la collégiale de Viry, le prieuré de Bonneguête, celui de Bellentre en Tarentaise, et y entretint à ses frais, jusqu'à sa mort, six professeurs jésuites.

(2) Je dis l'*initiateur* : car je ne veux point nier la grande part qu'eut le P. *Chérubin* dans les négociations qui précédèrent l'érection de la Sainte-Maison.

enfin, un *hospice* pour les vieillards et les malades et une *maison de refuge* pour les nouveaux convertis.

Le malheur des temps, la guerre, de funestes discordes empêchèrent la grande Œuvre rêvée par saint François de Sales d'arriver à un complet développement et de produire tous les fruits qu'on pouvait en attendre. Mais le collège prospéra sous l'habile direction des Barnabites qui y vinrent en 1616 et il fut, pendant près de deux siècles, une pépinière d'hommes remarquables.

Devenu évêque, François, avec le concours de son illustre ami, le président Favre, fonda dans la ville d'Annecy un autre établissement littéraire (1607). Cette institution prit le nom d'*Académie florimontane* et pour emblème un oranger avec cette devise : *Fleurs et fruits toujours, flores fructusque perennes*. Elle s'occupait de mathématiques, de cosmographie, de géographie et d'histoire, de philosophie, de musique, d'éloquence, de poésie et surtout de langue française. Elle tenait chaque semaine une séance publique et distribuait des prix à ceux qui y lisaient les meilleures compositions. Pour y être admis, il fallait faire *preuve de doctrine et capacité*; pour y être élu censeur, il fallait être habile en tous genres et « bien près de l'encyclopédie ».

Parmi les membres, qui étaient au nombre de quarante-cinq, on distingue, outre les deux fondateurs : Honoré d'Urfé, auteur du célèbre roman d'*Astrée*, qui faisait les délices de La Fontaine et de J.-J. Rousseau; Alphonse Delbene, évêque d'Albi et abbé d'Hautecombe; Pierre Fenouillet, d'Annecy, évêque de Montpellier, l'un des meilleurs orateurs de son temps et choisi par le clergé de France pour porter la parole au Roi et à la Chambre du Tiers-Etat dans toutes les discussions importantes qui furent agitées aux Etats-Généraux de 1614; le comte Louis de Sales, littérateur et guerrier, frère du saint; l'abbé Déage, son précepteur; le chanoine Magistri, de Thorens, écrivain et orateur; le chanoine Nouvellet, déjà nommé; enfin, Claude de Quoex, avocat fiscal du Genevois, et Claude-Louis Machet, collatéral, que le président Favre appelait

« ses collègues et juges *fort distingués* de notre Conseil du Genevois ».

L'un des auditeurs les plus assidus était un fils du président, le célèbre Claude Favre dit de Vaugelas, le futur législateur de la langue française (1).

Enfin, le saint évêque voulant donner plus de vie au collège chappuisien, le confia aux RR. PP. Barnabites de Milan. Ceux-ci y envoyèrent des professeurs distingués, parmi lesquels nous signalerons dom Juste Guérin, devenu plus tard évêque d'Annecy, et dom Baranzano. Ce dernier possédait les langues anciennes, notamment l'hébreu, et son cours de physique et de cosmographie fut très remarqué, parce que, devançant Galilée, il enseignait le système du chanoine Copernic. Sous l'habile direction des Barnabites, le collège chappuisien jouit d'un grand renom.

Annecy devint un centre littéraire. On s'y occupait surtout de poésie : car on prisait beaucoup dans ce temps l'art de faire des vers. Saint François, le président Favre lui-même ne dédaignèrent point de s'y essayer. Louis de Sales, le chanoine Portier et l'avocat son frère, François du Coudray, président, F. Orset, sénateur, Cl. L. Machet et Sébastien de Montvuagnard, seigneur de Boëge, étaient, suivant le chanoine d'Hauteville « tous considérables en poésie (2) ».

Saint François n'écrivait pas seulement en vers, il écrivait surtout en prose et son style imagé, gracieux et naïf offre de nos jours encore un charme incomparable. Son *Introduction à la Vie dévote*, traduite dans toutes les langues, fera toujours les délices des âmes pieuses et des lettrés eux-mêmes.

Les personnes, qui n'ont pas le bonheur de posséder ce petit livre, veulent-elles avoir une idée de la manière du Saint? Qu'elles lisent le passage suivant, où l'auteur nous enseigne à traiter des affaires temporelles avec soin, mais sans empressement :

(1) L'Académie florimontane, née vingt-huit ans avant l'Académie française, n'eut point, hélas! une longue durée. Le départ du président Favre lui porta un coup funeste.

(2) *Histoire naturelle de la Maison de Sales*, 1ère partie, page 255.

3

« Faites, dit-il, comme les petits enfans qui de l'une des
« mains se tiennent à leur père, et de l'autre cueillent des
« fraises ou des meures le long des hayes. Car de mesme
« amassant et maniant les biens de ce monde de l'une de vos
« mains, tenez tousjours de l'autre la main du Père Celeste,
« vous retournant de tems en tems à luy pour voir s'il a
« aggreable vostre mesnage ou vos occupations. Et gardez
« bien sur toutes choses de quitter sa main et sa protection,
« pensant d'amasser ou recueillir davantage : car s'il vous
« abandonne, vous ne feres point de pas sans donner du
« nez en terre. Je veux dire, ma Philothée, que quand vous
« serez parmi les affaires et occupations communes qui ne
« requièrent pas une attention si forte et si pressante, vous
« regardiez plus Dieu que les affaires: Et quand les affaires
« sont de si grande importance qu'ils requièrent toute
« vostre attention pour estre bien faicts, de tems en tems
« vous regarderez à Dieu comme font ceux qui naviguent
« en mer, lesquels, pour aller à la terre qu'ils désirent,
« regardent plus en haut au ciel que non pas en bas où
« ils voguent; ainsy Dieu travaillera avec vous, en vous
« et pour vous et vostre travail sera suivy de consolation.
« (IIIme partie, chap. XI.) »

Lorsque François de Sales créait l'Académie Florimontane, son diocèse comptait quinze écoles où à l'enseignement de la grammaire se joignait celui des belles-lettres : *sunt quindecim puerorum scholæ in quibus grammaticæ et litteris humanioribus juvenum animi imbuuntur* (1).

Non contentes de ces écoles supérieures d'ailleurs florissantes, toutes les villes de Savoie voulurent avoir un collège.

Cluses dut le sien à R^d J.-F. Bochut, curé d'Ayse, qui, par acte du 28 mars 1617, Chignin, notaire, légua seize mille florins pour l'entretien de quatre régents et rédigea lui-même les statuts qui furent approuvés par saint François de Sales le 2 juin de la même année (2).

(1) Rapport envoyé au pape Paul V le 23 nov. 1606. (*Œuvres du Saint*, édit. Vivès, tome VI, n° XLI.)
(2) Le 10 février 1628 Mgr J.-F. de Sales, dans l'intention de donner un peu d'élan à ce collège qui, par le malheur des temps et peut-être

Sallanches employa une part de l'hoirie que M. de Miribel lui laissa, par son testament du 3 décembre 1643, à payer des régents de cinquième et de quatrième et transforma de la sorte en collège sa vieille école où l'on enseignait déjà la grammaire et le latin (1).

Bonneville qui avait, de temps immémorial, des classes de grammaire et de rhétorique entretenus aux frais du Prince (2), appela les Barnabites dans ses murs (1648) et leur confia son nouveau collège.

Deux ans après, Rumilly, grâce à la générosité d'une noble dame et d'un prêtre de la localité, put à son tour ouvrir un collège qu'il confia aux Oratoriens (1650-1653) et qui, sous leur direction, parvint à un haut degré de prospérité (3). Au nombre des élèves remarquables sortis de cet établissement, nous pourrions citer trois grands dignitaires de l'Eglise : Mgr de Rolland et Mgr de Montfalcon, archevêques de Tarentaise, et Mgr Cavailla, archevêque d'Avignon.

aussi par la faute des maîtres, *sive forsan quod in eo constitutis magistris non satis sibi consentientibus aut ignaviter munus suum obeuntibus*, n'avait guère d'élèves, l'unit à la cure de Cluses et voulut que les maîtres à élire, au nombre de trois, eussent suivi le cours de philosophie. (Archives épisc., homolog.)

(1) Le 31 mai 1644 le Chapitre de Sallanches, exécuteur testamentaire de N° Pierre Soillard, seigneur de Miribel, donne au collège cinq cents florins, outre sept cents déjà promis, à condition qu'il y aura trois classes et trois régents jésuites et un régent pour la quatrième. (Ibid.)

(2) St-Genis, II, p. 801.

(3) Philiberte de Juge, veuve de N° Amblard de Novairy, par testament du 19 septembre 1650, institua ses héritiers universels les prêtres de la Mission d'Annecy ou, à leur refus, les RR. PP. Barnabites, à charge pour eux d'entretenir trois prêtres séculiers qui résideront dans la ville de Rumilly, pour y enseigner à perpétuité la jeunesse en y tenant les classes de 5me, 4me et 3me. — Les héritiers cédèrent ce legs au conseil de la ville qui se chargea de l'exécution des volontés de la donatrice.

L'année suivante (19 juin 1651), le curé Paget, natif de Rumilly, légua quatre mille sept cents ducatons soit environ vingt-trois mille livres aux Oratoriens et, par codicille du 28 juillet, il les chargea,

Thônes suivit de près l'exemple de Rumilly. Un prêtre, nommé Jacques Avrillon, par acte du 19 janvier 1676, y fonda une régence de grammaire et une chaire de rhétorique et fit héritiers à sa mort, les deux régents établis et leurs successeurs à perpétuité (1).

Au commencement du siècle suivant, les RR. PP. Augustins de Seyssel, moyennant la somme annuelle de deux cents livres promise par le conseil, et une modique rétribution prélevée sur les élèves, établissent dans cette ville un collège et s'engagent à loger et à entretenir à perpétuité trois religieux professeurs « l'un desquels apprendra à lire et à écrire, l'arithmétique, et enseignera la sixième et cinquième ; l'autre enseignera la quatrième et troisième, et l'autre, l'humanité et la rhétorique, de telle sorte que les écoliers soient bien instruits et que les dits écoliers soient en état d'entrer en philosophie. » (Archives épisc., convention du 10 oct. 1717.)

Enfin Megève même eut son petit collège avec deux instituteurs, entretenus par la fondation du général Muffat de Saint-Amour (du 7 oct. 1719), et chargés d'enseigner la lecture, l'écriture, le calcul et la grammaire latine (2).

Pendant que les écoles de nos villes s'érigeaient en collèges, les écoles de nos paroisses rurales traversaient une période de transformation. Jusqu'ici, un grand nombre d'entre elles avaient été entretenues par les confréries, ou par la charité publique qui ne leur avait pas fait défaut. Mais à l'époque où nous sommes arrivés, soit que les confréries eussent perdu de l'importance et de la faveur dont elles jouissaient jadis, soit que la charité se fût refroidie,

---

dans le cas où ils seraient commis par la ville pour y enseigner, d'ajouter une classe d'humanité aux trois classes de grammaire déjà fondées. Les conventions furent passées en 1654. Les chaires de philosophie et de rhétorique furent fondées en 1676.

(1) Déjà un siècle plus tôt, les syndics de Thônes avaient loué de l'abbé de Talloires, pour y établir un collège, une maison que son monastère possédait dans leur bourg et qui n'était pas bâtie par *dedans*. (Arch. Costa ; M. Mugnier, *Revue Sav.* 1880.)

(2) Grillet, art. *Megève* ; *Archiv. du Sénat commun.* par M. Mugnier.

les dons n'affluaient plus et les écoles, ainsi que d'autres œuvres soutenues par ce moyen, menaçaient de péricliter.

Des âmes généreuses prirent alors le parti de *doter* les écoles, c'est-à-dire de constituer, en leur faveur, un capital dont le revenu serait appliqué à payer l'instituteur de la paroisse.

Le plus souvent, le donateur confiait la tenue de la classe à un ecclésiastique qui devait aider le curé dans l'exercice du ministère paroissial et faire l'école. Ce dernier cumulait les fonctions de régent et celles de vicaire. Non seulement il enseignait aux enfants les éléments des sciences, mais il disait la sainte messe, confessait les malades et distribuait à tous les sacrements et le pain de la parole divine.

Ces dotations ou fondations, que nous verrons plus tard se multiplier à l'envi, furent assez rares durant le dix-septième siècle ; voici celles que nous avons rencontrées :

En 1617, Nicolas Clerc, curé de Saint-Félix, testant en faveur de la chapelle Saint-Jean-Baptiste à Ville en Michaille, charge le recteur d'enseigner « les enfants de Ville gratis et les autres moyennant salaire convenable » ; et pour que le recteur puisse mieux s'acquitter de cette fonction, il veut qu'il ne soit astreint à aucun service exigeant la résidence personnelle.

En 1650, le 18 juillet, M⁰ J.-F. de Bergoend, des Gets, lègue sa maison et son pourpris au vicaire des Gets, à la charge, pour celui-ci, d'enseigner la jeunesse du lieu (1).

Quatre ans plus tard, une demoiselle Anne de la Fléchère, consacre 400 ducatons à bâtir une maison d'école à Vanzy, et 2000 autres à fonder le traitement d'un vicaire régent. Enfin les paroissiens de Bellecombe-en-Bauges, en 1662, et ceux de Seythenex, en 1676, se cotisent entre eux pour assurer le traitement d'un prêtre qui instruira la jeunesse de leur paroisse respective. (Archives épiscop. homolog.)

Mais, dira-t-on peut-être, tous ces collèges dont vous

(1) M. Tavernier, *Monog. des Gets.* — Nobles et prêtres fondaient des écoles pour le peuple : et on les accuse d'avoir toujours conspiré pour tenir le peuple dans l'ignorance ! — Pauvre peuple ! Que tu es crédule et que tu connais mal tes véritables amis !

nous racontez la fondation, toutes ces écoles dont vous constatez l'existence, étaient réservées aux garçons ; la jeune fille, la femme étaient sans doute oubliées et vouées irrémédiablement à la plus complète ignorance ! — C'est une erreur. Il y avait les écoles mixtes.

D'autre part, les Ursulines, fondées un siècle auparavant, s'établissaient dans toutes nos villes et y ouvraient des pensionnats ou des écoles où elles se chargeaient « d'élever et d'instruire toutes les jeunes filles qu'on leur présenterait, riches ou pauvres, de la ville ou des champs. » Nous les trouvons en effet, en 1636, à Chambéry, Sallanches et Thonon ; en 1680, à Bonneville, où Louis Morlinge venait de fonder une école pour les jeunes personnes du sexe, auxquelles on devait enseigner la lecture, l'écriture, l'arithmétique et tout ce qui est propre à former une bonne couturière et une bonne femme de ménage (1). Les demoiselles d'Annecy et des environs recevaient l'instruction et l'éducation chez les Bernardines Réformées, ou chez les Sœurs de Sainte-Catherine (2). Saint-Julien avait des institutrices laïques et M. Duval nous cite le nom de plusieurs d'entre elles, notamment de Jeanne Boral, décédée en 1658 (3). Deux bourgeoises d'Évian, Mesdames Grenat-Bellon et Buttet dotèrent leur ville d'une école de filles en 1699 (4).

Les petites paroisses avaient souvent une école spéciale pour les personnes du sexe, et Mgr d'Aronthon d'Alex, dans ses *Constitutions synodales* (5), exhorte vivement tous ses prêtres à procurer que ces écoles soient « conduites par quelque veuve ou par quelque fille dont la vertu soit bien reconnue. » Enfin, nous verrons, dans le siècle suivant, des écoles de ce genre se fonder à Saint-Gervais, à Marnaz (1717), à Thônes (1749), à Passeirier, etc.

Tandis que s'ouvraient partout des établissements spé-

(1) Grillet, art. *Bonneville* ; Saint-Genis, etc.
(2) Mercier, *Souvenirs d'Annecy*, p. 300.
(3) Duval, *Ternier et Saint-Julien*, p. 141.
(4) Grillet, art. *Évian* ; A. de Bougy, *Évian et ses environs*, p. 38.
(5) Édit. Jacq. Clerc, Annecy, 1683.

ciaux où toutes les classes de la société pouvaient puiser à volonté l'instruction primaire, secondaire et même supérieure, les aspirants à l'état ecclésiastique étaient moins favorisés peut-être.

Ils pouvaient bien aller suivre un cours de théologie à Thonon ; mais ils ne trouvaient pas dans le diocèse un asile spécial où ils puissent se préparer dans le recueillement et l'étude à la réception des Saints-Ordres et à l'apprentissage des fonctions saintes. Ils manquaient d'un *Séminaire* tel que l'avaient conçu les Pères du Concile de Trente, et ceux qui voulaient jouir de l'avantage d'être élevés dans une maison de ce genre, étaient obligés de se rendre à Paris ou à Lyon (1).

Maintes fois nos évêques avaient reçu de Rome les plus pressantes invitations à combler cette lacune, maintes fois ils avaient mis la main à l'œuvre ; toujours leurs efforts s'étaient brisés contre d'insurmontables obstacles. Claude de Granier crut un instant y réussir ; mais les moyens manquèrent. Saint François de Sales ne fut pas plus heureux. Dom Juste Guérin lui donna un commencement d'exécution en fondant, de ses deniers, au collège chappuisien (1644-1645, une chaire de Morale, une de Dogme et une troisième d'Ecriture-Sainte (2). Enfin Mgr d'Arenthon d'Alex parvint à conduire à bon terme cette œuvre si importante.

Encouragé par Rome qui lui promit un subside considérable, ce prélat fit un appel pressant au jeune duc Charles-Emmanuel qui l'assura de tout son concours, un autre à son clergé qui fut taxé jusqu'à la somme de trois cents ducatons annuels. Il céda généreusement lui-même le revenu des deux commanderies de Chieri et de Chivasso qu'il avait

(1) J'ai glané dans les archives de l'évêché d'Annecy, aux années 1687-1680, soit quelque temps avant la création du Séminaire, le nom de soixante-quinze aspirants à l'état ecclésiastique de notre diocèse, étudiants dans les Collèges ou dans les Universités étrangères. La moitié d'entre eux étudiait à Lyon.

(2) Il consacra à ces fondations la somme de 23.000 florins. (Archives épisc.)

reçues du prince dom Antoine de Savoie, et il promit de laisser son hoirie aux pauvres clercs.

Le Séminaire s'ouvrit en 1665 (1) dans la maison des RR. PP. Lazaristes à qui la direction en était confiée ; il fut, quelques années plus tard, transféré dans le corps de bâtiments qu'il occupe encore à cette heure et qui fut construit à cette fin.

La jeunesse cléricale, cultivée par les soins intelligents des Lazaristes, fit de rapides progrès dans la piété et dans les sciences et le diocèse d'Annecy, déjà riche en prêtres distingués, en compta bientôt un plus grand nombre.

« La cathédrale, disait Mgr. d'Arenthon d'Alex à la régente en 1676, peut être considérée comme un *séminaire d'évêques.* » Et il signalait parmi les plus méritants : le chantre N. de Monthoux « digne d'occuper un des premiers postes de l'Eglise » ; l'archiprêtre *Falcaz* qui fut, pendant quarante-cinq ans, le conseiller et le bras droit de nos évêques et qui écrivit les *Résolutions pastorales* du diocèse de Genève, parues en 1709 ; l'archidiacre de Maresto « excellant en doctrine » ; l'official J.-F. Gay, rédacteur des *Constitutions synodales* publiées en 1673 ; Machet Philibert, doyen de Notre-Dame de Liesse, habile négociateur, chargé par la cour de Turin de plusieurs missions importantes ; Ruphy Théodore, curé de Saint-Julien, « sachant les langues et possédant une grande érudition (2), » etc.

Outre ceux énumérés par l'évêque, nous pourrions signaler au XVIIme siècle, un grand nombre de prêtres qui se sont fait un nom dans la chaire ou dans les lettres : le P. Philibert de la Bonneville, provincial des Capucins de Savoie, était un savant théologien ; saint François de Sales a dit de lui que si on venait à perdre *la Somme* de saint Thomas, on la retrouverait tout entière dans sa tête ;

Le P. Monet, compatriote du précédent, connaissait si

(1) Le Séminaire de Moûtiers commença la même année, et celui de Saint-Jean de Maurienne en 1688.
(2) Un Ruphy de la Clusaz fut, dans ce même siècle, inspecteur de l'Université de France.

parfaitement la langue de Virgile que son *Delectus lati-
nitatis* a toujours passé pour un chef-d'œuvre (1619);

Alexandre Fichet, du Petit-Bornand, fut un célèbre prédicateur et le théologien du cardinal de Richelieu;

François Bertrand de la Perrouse, prieur de Chindrieux († 1693), doué du rare talent d'improviser de longs discours pleins de feu et d'onction apostolique, prêcha le Carême à Paris et dans plusieurs villes de France;

Philibert Millet, de Faverges, mort archevêque de Turin († 1625), joignit à toutes les vertus pastorales le don de prêcher avec fruit la parole de Dieu.

L'étude de l'histoire marchait de pair avec celle de la rhétorique:

Le célèbre P. Monod, de Bonneville, jésuite, a laissé, outre de nombreux manuscrits, son *Amedeus pacificus* et ses *Recherches sur les alliances royales de France et de Savoie*, 1621;

Le chanoine Nicolas d'Hauteville, de Rumilly, composa l'*Histoire naturelle de la Maison de Sales* (1669), et plusieurs ouvrages traitant de l'art de bien dire;

Charles-Auguste de Sales écrivit la *Vie de saint François*, son oncle, qui est fort estimée, et le *Pourpris historique* de la Maison de Sales qui est très recherché des érudits;

Dom Hilaire Leyat, de Boëge, composa une histoire des barons de l'ancienne province du Faucigny, écrite avec saine critique et justifiée par des titres précieux, 1660;

Dom Luc, de Lucinge, a jeté une grande lumière sur les familles nobles de la même province, 1689; le P. Arpaud, barnabite d'Annecy, raconta la vie de dom Juste Guérin et le P. Le Masson, chartreux, celle de Mgr d'Arenthon d'Alex, 1697.

Signalons encore: F. Bailly, de Grésy-sur-Aix, évêque d'Aoste († 1693), distingué par son talent pour la controverse et l'un des promoteurs de l'Académie militaire de Turin;

Charles Maillard de Tournon, natif de Rumilly, patriarche de Constantinople, visiteur apostolique en Chine et cardinal († 1710);

Gaspard Lathuille, fils d'un charbonnier d'Alex, qui enseigna avec éclat la théologie à Paris pendant de longues années, et mourut curé de Marlens († 1695);

Enfin, Claude-François Millet, de Challes, jésuite, professeur de sciences exactes à Paris et à Turin, « le premier et le seul auteur, dit un biographe, qui ait donné un cours complet de mathématiques (1) dans un ouvrage immense (4 vol. in-folio), capable d'occuper et d'illustrer la vie de plusieurs personnes. »

Parmi les laïques, nous avons déjà cité le président Favre, Vaugelas son fils et d'autres; citons encore : René Favre, frère de Vaugelas, conseiller du duc de Savoie; François Capré, de Megève, historien de la Chambre des Comptes, habile diplomate; Jean-Louis Cauly, du Petit-Bornand, personnage des plus expérimentés, *savant en toutes choses*, dit le sénateur Deville, mais particulièrement dans l'histoire et la jurisprudence (1658); Charles de Sales, commandeur de l'ordre de Malte, qui défendit avec habileté et avec une héroïque bravoure l'île de Candie contre les Turcs, et, contre les Anglais, l'île de Saint-Christophe dont il était vice-roi (1666); enfin, Merle et Deschamps d'Annecy qui firent, du premier monastère de la Visitation de cette ville, « le plus riche et le plus somptueux monument de la Savoie (2). »

En énumérant les hommes distingués du diocèse d'Annecy au XVIIme siècle, n'oublions pas ces artistes savoisiens qui, dans la patrie même des beaux-arts, surent faire admirer leurs œuvres; tels sont : Odoard Viallet ou

---

(1) Les sciences exactes firent, durant ce siècle, un progrès immense. Viette et Descartes appliquèrent l'algèbre à la géométrie. Fermat, de Toulouse, trouva le calcul différentiel et, avec Pascal, celui des probabilités. Torricelli inventa le baromètre. Galilée fabriqua le premier thermomètre et le premier télescope; avec lui, Kepler, Cassini et Newton, l'astronomie marcha à pas de géant de découvertes en découvertes.

(2) Grillet, *Dict. hist.*

Fialletti, qui décora les principaux monuments de Venise († 1638), et Jean Tasnières, dont les gravures étaient fort estimées à Turin.

Le commerce et l'industrie eux-mêmes étaient prospères.

Le duc Charles-Emmanuel II (1638 † 1675) fit percer le fameux passage de la grotte au-dessus des Echelles, améliora les routes qui conduisent de Savoie en Bourgogne, établit les premières messageries entre Chambéry, Lyon et Turin, et fit creuser le port de Bellerive sur le lac Léman pour communiquer avec la Suisse sans passer par Genève.

Annecy, Thônes, avaient de nombreux moulins à soie. On trouvait encore dans la première de ces villes, une fabrique de chapeaux très florissante et des fabriques renommées de bas, de *coutellerie* et *d'armes à feu*. Les *faulx* de Taninges étaient recherchées en France, en Piémont, même en Lombardie, et l'on confectionnait, à Bourdeau près d'Aix-les-Bains, « des espées de grand bruict. »

CHAPITRE VIII

XVIIIme siècle.

I

L'instruction primaire. — Coup-d'œil général.

Avant de suivre les progrès de l'instruction populaire pendant le XVIIIme siècle, jetons un coup d'œil en arrière et voyons ceux qu'elle a réalisés jusqu'ici en France.

Nous l'avons dit ailleurs, les efforts de l'hérésie pour s'implanter en France avaient stimulé le zèle des catholiques. Evêques, prêtres et pieux fidèles s'étaient mis à l'œuvre pour répandre autour d'eux l'instruction, spécialement l'instruction religieuse.

Ce mouvement, encouragé par le Concile de Trente et par les conciles provinciaux (1) grandit d'année en année, et l'on vit même, durant le cours du xvii°° siècle, de nombreuses congrégations d'hommes ou de femmes se former dans le but spécial d'instruire le peuple des campagnes. Nous citerons, en passant, les *Doctrinaires* fondés à Cavaillon en 1592 ; les Sœurs de la Charité et de l'Instruction chrétienne de Nevers ; les Sœurs de la Sagesse ; les *Paulines*, fondées à Tréguier en 1669 ; les *Filles de la Sainte-Vierge* à Rennes ; les *Dames de Saint-Maur* à Rouen (1674), les Providentiennes d'Evreux ; les *Vatelottes*, etc., etc.

Ces efforts furent couronnés d'un brillant succès. Sur tous les points de France surgit une légion d'artistes, de penseurs et d'écrivains de génie et le nom de *grand siècle* demeurera toujours attaché à cette période qui vit naître Corneille, Racine, La Fontaine, Boileau et Molière ; Massillon, Fléchier, Bourdaloue, Bossuet et Fénelon ; La Bruyère et Pascal ; Mabillon ; Le Brun, Le Sueur, Le Nôtre, Puget et Perrault ; Duquesne et Duguay-Trouin ; Condé, Turenne et Vauban. L'instruction se répandit à tel point que, vers le milieu du siècle suivant, dans la majorité des provinces de la France, chaque paroisse avait une ou plusieurs écoles et que le nombre des lettrés dans la Normandie, dans les Hautes-Alpes, dans le diocèse de Coutances, etc., etc., était de 75 %, c'est-à-dire supérieur à la moyenne générale de la France sous la présidence de M. Thiers (1872-1876).

Mais, de toutes les congrégations enseignantes nées à cette époque, la plus célèbre, sans contredit, est celle fondée par un chanoine de Reims, le vénérable Jean-Baptiste de La Salle. Voulant assurer le succès de deux écoles gratuites récemment fondées, le saint prêtre admit les maîtres à sa table, les logea chez lui afin de pouvoir les diriger avec plus de soin et commença ainsi une petite communauté qui

---

(1) Voir les ordonnances des conciles de Chartres et de Tours 1526, de Cambrai 1565, de Rouen 1581, de Narbonne, etc., etc.

grandit rapidement et devint une pépinière de doctes et pieux instituteurs, tant pour les villes que pour les campagnes. Ce sont les *Frères des écoles chrétiennes*.

Rome applaudit à l'Institut naissant et le pape Benoît XIII le félicita de combattre l'ignorance qui est, disait-il, « l'origine de tous les maux, surtout parmi ceux qui sont livrés au travail manuel. *Ignorantia, omnium origo malorum, præsertim in iis qui fabrili opere dediti sunt* (1). »

Bientôt Paris, Troyes, Avignon, Rouen, Marseille, Mende, Alais, Grenoble, Versailles, etc., voulurent avoir de ces instituteurs; et la Savoie ne fut pas des dernières à les demander : car nous les trouvons en Maurienne en 1683.

La Savoie avait, elle aussi, ses Mécène.

Le duc Charles-Emmanuel II (1638-1675) fut l'ami des sciences et des arts ; il fonda, à Turin, une société littéraire et une société de peinture.

Sa veuve, Jeanne-Baptiste de Savoie-Nemours, douée des qualités les plus rares de l'esprit et du cœur, continua l'œuvre de son époux et sa régence, nous dit Saint-Genis (II, p. 514), fut une des périodes les plus intelligentes et les plus littéraires de la Savoie. Elle ramena le célèbre abbé de Saint-Réal, en fit le confident de ses projets et créa à Turin l'*Académie des Lettres et des Beaux-Arts*. Elle tenta même de créer, à Chambéry, une Université où l'on devait enseigner les belles-lettres, les mathématiques et le droit civil : cette tentative échoua.

(1) Les philosophes du xviiime siècle ne voyaient pas d'un aussi bon œil le développement de l'instruction populaire : « N'y a-t-il pas trop « d'écrivains, trop d'académies, trop de collèges, » disait La Chalotais « en 1762 ; le peuple même veut étudier... Les frères ignorantins « sont survenus pour achever de tout perdre; ils apprennent à lire « et à écrire à des gens qui n'eussent dû apprendre qu'à dessiner et « à manier le rabot et la lime. » — Et Voltaire lui écrivait le 28 février de l'année suivante : « Je vous remercie de proscrire l'étude « chez les laboureurs. — Envoyez-moi des frères ignorantins pour « conduire mes charrues. » — Le même Voltaire disait quelques années plus tard : « Il est à propos que le peuple soit guidé et non « pas instruit, il n'est pas digne de l'être. » (Lettre à M. Damilaville, du 19 mars 1766.)

Mais le désir le plus cher de cette princesse était de répandre l'instruction populaire. Le 14 novembre 1676, elle écrivait à l'évêque d'Annecy, pour le prier d'établir des écoles dans les paroisses qui en manquaient, la lettre suivante dont on conserve l'original dans les archives municipales de cette ville :

« Comme l'education est le principal advantage que
« nous puissions procurer aux sujets de S. A. R. mon Fils,
« nous ne voulons rien oublier pour leur tesmoigner par ce
« soin l'affection que nous avons eue pour eux. Nous
« desirons pour cest effect que vous fassiez establir des
« Escholes en tous les plus considerables lieux de votre
« Diocese où il n'y en a point presentement pour enseigner
« la junesse, et vous nous feres plaisir de pratiquer tous
« les expédients que vous estimeres à propos, affin que le
« bien que nous proposons de la tirer de l'ignorance aye le
« succès que nous en attendons. Nous en escrivons en
« cette conformité au president Duclos et nous luy mandons
« d'en conferer avec vous... (1). »

Monseigneur d'Arenthon d'Alex n'avait certes pas besoin d'être stimulé. Déjà nous l'avons vu créer dans sa ville épiscopale un Séminaire qui, en formant un clergé instruit, contribuait par là-même à l'instruction du peuple. Dans ses visites pastorales, il recommandait instamment à tous ses curés de tenir « les petites escoles ». Bien plus, il fonda une société, dite la société des *Bons Amis*, dont le but était de maintenir la régularité dans le clergé et de procurer l'instruction des fidèles du diocèse ; dans une de leurs conférences tenue le 28 mars 1687, les membres de cette société décidèrent, entre autres choses, qu'il fallait avertir les ecclésiastiques « d'appuyer l'établissement des petites écoles (2). »

---

(1) Cette lettre a été publiée par M. Serand dans la *Revue Savoisienne*, 1881, page 33.

(2) Extraits d'un fascicule des Conférences ordinaires et secrètes des *Bons Amis*, 1687-1691, qui est entre les mains de M. l'abbé Pettex, curé de Saint-Gingolph.

Les exhortations réitérées de l'évêque ne demeurèrent point stériles. Il se produisit dès lors un mouvement admirable en faveur de l'instruction primaire. Chaque année, de nouvelles écoles s'ouvrent; chaque année, des âmes généreuses, pour en assurer le fonctionnement, leur abandonnent tout ou partie de leur patrimoine.

Tantôt ce sont des enfants de nos montagnes qui, partis jeunes et pauvres de la maison paternelle, ont su faire fortune à l'étranger, et qui, ayant senti plus que personne les avantages de l'instruction, donnent une partie de leurs épargnes pour fonder une école au village natal. C'est ainsi que furent dotées les écoles de Cordon 1691, de Saint-Nicolas de Vérosse 1702, de Saint-Gervais 1703, d'Araches 1706, de Flumet 1713, de Samoëns, de Marnaz et de Scionzier 1717, de Champangé 1720, d'Arith 1764, et de la Frasse près de Saint-Sigismond 1765 (1).

Tantôt ce sont de simples particuliers demeurés dans le pays, qui, possédant du superflu ou ne laissant pas d'héritiers personnels, lèguent leurs biens à la communauté pour faire le traitement d'un maître d'école, prêtre ou laïque, comme à Thônes 1681, à Nancy-sur-Cluses 1694, à Viuz-en-Sallaz 1703, à la Biolle 1714-1722, à Sciez 1726, à Annecy 1733 et 1755, aux Ouches 1761, à Saint-Jeoire 1763, à Ballaison 1768, aux Contamines-sur-Saint-Gervais 1772, à Montriond 1775, à Passy 1776, et à Pralz-Megève en 1779 (2).

Tantôt ce sont les communes qui appliquent aux écoles des legs ou donations destinés primitivement à d'autres fins pieuses, comme à Morzine en 1767, — ou qui s'imposent elles-mêmes pour l'entretien d'un régent, comme Châtel en 1701, Collonge-Fort-l'Ecluse en 1771, le Biot en 1777 et Thoiry en 1783 (3).

Tantôt, et le plus souvent, ce sont des prêtres qui « meus de pitié et de zèle pour la bonne éducation et la

(1) Voir document n° I.
(2) Voir document n° II.
(3) Voir document n° III.

« sainte instruction de la jeunesse, sachant que c'est une
« chose glorieuse pour l'Eglise, utile pour les âmes et
« avantageuse à la jeunesse, de fonder et d'établir des
« petites écoles où les enfants apprendront la grammaire,
« s'initieront aux belles-lettres et deviendront ainsi plus
« capables de s'acquitter chrétiennement de leur devoir,
« chacun en leur état (1), » consacrent à fonder ou à doter
des écoles, leur patrimoine ou leurs modiques épargnes,
comme à Thonon 1680, à Boëge 1683, au Grand-Bornand
1689, à Chamonix 1694, à Magland 1700, à Entremont
1703, à Annecy, 1713, à Rumilly 1727, à Notre-Dame
de la Gorge 1728, à Chêne-Thônex 1728-1768, à la Clusaz
1742, à Manigod 1743, à Thônes 1681-1749, à Ugine 1750,
à Lancy 1751, à Lugrin, hameau de Véron 1753, à Thorens
1758, à Hermance 1768, à Nangy 1769, à Passeirier 1772,
à Saint-Jean-d'Aulps 1776, à Royvroz 1780, à Veigy 1781,
à Serraval 1787, à Etrembières 1788, et à Aillon dans les
Bauges en 1789 (2).

Enfin, l'émulation était si grande que si la Révolution,
en ruinant ou en chassant les prêtres, ne fût venue arrêter
cet élan, toutes les paroisses du diocèse auraient fort pro-
bablement, à cette heure, des écoles gratuites, non pas
gratuites dans le sens singulier que l'on attache aujourd'hui
à ce mot, mais vraiment, absolument *gratuites*, ne coûtant
rien, ni à l'élève, ni à ses parents.

Et, qu'on le remarque bien, les dates que j'ai données
plus haut ne sont pas, ordinairement du moins, celles de
l'ouverture de ces écoles, mais celle de leur dotation.
En veut-on des preuves ? Elles abondent ; ainsi :

L'école de Veigy fut fondée en 1781 ; or, dans une délibération tenue en 1785 concernant l'affranchissement, la
moitié et plus des pères de famille apposèrent leur signa-

---

(1) Préambule de l'acte de fondation de l'école de Magland, par
l'abbé Fontaine. Au sujet de cette fondation, voir le document n° IV.

(2) Voir document n° IV. — Dans la Haute-Marne, sur un capital
de 725.000 livres en immeubles ou en argent, donné ou légué aux
écoles avant la Révolution, le clergé en avait fourni 424.000 livres
(M. Fayet).

ture. A Scionzier, trente pères de famille et cinquante-deux à Serraval signent l'acte de fondation de leur école. A la Frasse, sur quarante comparants, trente-un signent en 1779 et à Annecy, sur plus de deux cents, il en est seulement trente-cinq qui se déclarent illettrés (1).

A la liste des écoles que nous venons de citer, il faudrait ajouter celles assez nombreuses, dont nous avons constaté l'existence dans les siècles antérieurs et bien d'autres, dont nous trouvons la trace au xviiime siècle.

Des vicaires-régents existaient à Alby, à la Motte-en-Bauges, à Fessy (2), à Megève, qui possédait en outre trois écoles fondées par des particuliers (3) ; à Saint-Jeoire, à Bellevaux, où l'abbé Testu est régent de latinité en 1774 (4) ; à Annemasse, etc.

On trouve des écoles à Saint-Julien et dans la plupart des communes du voisinage : Avusy, Cartigny, Lavonex, Onnex, Sezegnin, Landecy, Valleiry, etc. (5) ; à Chevenoz, à Abondance (6), au Petit-Bornand (7), et même dans les villages les plus reculés et les moins populeux, comme à la Giettaz, aux Clées, à Meillerie (8), à Servoz et à Novel (9).

(1) Mercier, *Souvenirs d'Annecy*, p. 443. — D'ailleurs, la statistique comparée de ceux qui apposaient leur signature sur les actes publics ou privés, il y a 80 ou 100 ans, et de ceux qui l'apposent aujourd'hui, ne donnerait pas la différence réelle du niveau de l'instruction à ces deux époques. Autrefois, la loi n'exigeant point la signature, ceux qui avaient de la difficulté à écrire préféraient faire leur marque ; de nos jours, au contraire, bien des personnes complètement illettrées, savent griffonner leur nom et échapper ainsi aux notaires. — Voir encore aux documents pour Thoiry, etc.

(2) Archives de l'évêché.
(3) Grosset, *Histoire de Megève*, etc., page 231.
(4) Fleury, *Hist. du diocèse de Genève*, III, 478.
(5) Duval, *Ternier et St Julien*, pages 103 et 200.
(6) Albanis-Beaumont, qui visita cette vallée vers 1800, nous dit que les femmes elles-mêmes savaient toutes lire. (*Description des Alpes grecques et cottiennes*, t. II ; IIme partie.)
(7) Elle était tenue par les Religieux d'Entremont.
(8) Livre de raison Cachat Pierre-Joseph, f° 83. Ce notaire nous apprend qu'il acheta, en 1782, un prix qui lui coûta neuf livres et treize sols.
(9) Le 30 janvier 1702, sur huit contractants de Novel, cinq signent. — Minutes Sache, notaire.

Mais à quoi bon prolonger cette énumération? Nous savons par des témoignages irrécusables qu'à la fin du siècle dernier, la presque totalité de nos paroisses avaient leur école. Ecoutons le préfet du Mont-Blanc, M. Verneilh, qui, s'adressant à des témoins oculaires, écrivait en 1802 :

« En Savoie, pour ce qui est des écoles primaires, il existait peu de communes rurales avant 1792, où il n'y eût un instituteur. Cette place était ordinairement tenue par un ecclésiastique qui servait en même temps de vicaire de la paroisse. Il montrait à lire et à écrire, ainsi que les éléments de la langue latine (1). »

La Révolution vint. Elle commença par confisquer les revenus des écoles, puis elle exila ou mit à mort les prêtres et les congréganistes; elle congédia même tous les anciens maîtres ou maîtresses d'écoles laïques (2). L'effet de ces mesures fut terrible. Le révolutionnaire Grégoire s'écriait du haut de la tribune le 31 août 1794 : « Cette lacune de six années a presque fait crouler les mœurs et la science (3). » et Portalis disait quelques années plus tard : « L'instruction est nulle depuis dix ans... Si on la compare telle qu'elle est avec ce qu'elle a été, on ne peut s'empêcher de gémir sur le sort qui attend les générations présentes ou futures (4). »

Et quand on voulut réparer le mal, relever les établissements tombés, qui se mit à l'œuvre? Qui paya de ses sueurs et de ses deniers? Ce furent encore, en premier lieu, les prêtres.

Pendant que les uns rouvrent les collèges qui étaient fermés, les autres se font instituteurs et enseignent gratuitement la jeunesse; d'autres font même de leur presbytère de petits pensionnats où les élèves affluent; d'autres, enfin, donnent des sommes considérables pour fonder des écoles (5).

(1) Statistique du département du Mont-Blanc.
(2) Loi du 28 octobre 1792, art. 12 et 22.
(3) Rapport sur le Vandalisme fait au nom du Comité d'instruction.
(4) Discours prononcé le 18 germinal an X.
(5) Aux noms de MM. Ducroy, Pasquier et Picollet, restaurateurs des collèges de Mélan, La Roche et Evian, je pourrais ajouter ceux

Voilà comment partout et toujours le clergé favorisa de tout son pouvoir l'instruction populaire. Cela n'empêchera pas demain certains écrivains de dire, et leurs crédules lecteurs de répéter, que le clergé *est l'ennemi de la lumière, qu'il a toujours cherché à maintenir les masses dans l'ignorance, et que l'instruction primaire date de la Révolution.*

XVIIIme siècle.

II

L'Instruction secondaire.

L'instruction secondaire marchait de pair avec l'instruction primaire, si même elle ne la devançait.

En effet, le diocèse d'Annecy possédait, à la fin du xviime siècle, onze collèges. Les uns, ceux de Thonon, d'Annecy, de Rumilly, de la Roche, etc., étaient florissants (1). Les autres, ceux de Cluses, de Sallanches, de Bonneville, de Thônes, d'Evian, de Seyssel, comptaient en moyenne deux ou trois professeurs et un nombre proportionnel d'élèves. Ils n'avaient ni programme ni règlements communs.

de MM. les abbés Rey, Favre, Blanc, Testu, qui tinrent des pensionnats à Bellevaux, à Villy, à Morzine, à St-Jean d'Aulps, et une infinité d'autres prêtres qui furent les créateurs ou les bienfaiteurs des écoles primaires de leurs paroisses. Signalons entre tous M. l'abbé Favre, de Nernier, qui, non content d'enseigner gratuitement la jeunesse, se fit maçon, amassa de ses propres mains le sable et les pierres, quêta du bois et de l'argent, et parvint ainsi à construire deux maisons qu'il a léguées à la commune de Nernier pour y tenir les écoles.

(1) Celui d'Annecy comptait alors deux mille élèves, en comptant, je suppose, les élèves de l'école primaire. — M. Poncet, *Le Collège Chappuisien*, p. 27.

Pour remédier à cet état de choses, le roi Victor-Amédée II commença par réformer le règlement de l'Université de Turin, dont la rédaction fut confiée à un curé du diocèse, le chanoine Hocquiné, de la Roche.

Ces constitutions élaborées, Victor-Amédée y soumit tous les collèges de Savoie et décida que tous ses sujets seraient tenus de prendre leurs grades de docteur dans la seule Université de sa capitale (1729). La même année, il fonda à Turin le *collège des provinces* et y établit pour les étudiants de ses États cent places gratuites dont vingt-sept, par billet royal de Charles-Emmanuel, son fils (30 novembre 1751), furent réparties entre les villes et les provinces de Savoie.

Le même Charles-Emmanuel créa, en 1737, les *réformateurs des études*, et plus tard (1768) le *conseil de réforme*, chargé de l'examen des professeurs, de déterminer les livres et les auteurs que l'on devait étudier, d'indiquer le temps des vacances, les jours de retraite et d'examen, de veiller à l'observation des Constitutions de l'Université et de correspondre avec les réformateurs établis dans les capitales de chaque province. Enfin, peu après, il publia ses *Instructions au Conseil de réforme* qui devinrent le règlement organique complet sur la matière (1).

Grâce à l'impulsion royale et au dévouement de quelques particuliers, les collèges parvinrent à un haut degré de prospérité.

Celui de Sallanches eut une troisième classe de latin, due à la générosité d'un prêtre de Magland dont nous avons déjà parlé (1720), et une chaire de rhétorique dont le professeur était payé partie par les écoliers qui profitaient de ses leçons, partie par la commune (2). Vers le même temps (1733), un prêtre, bachelier de Sorbonne, nommé

---

(1) Grillet, I, 171.

(2) Vers le même temps, le collège de St-Jean de Maurienne, fondé par les archevêques, ouvrit des cours de philosophie et de théologie, et le collège de Chambéry comptait treize chaires dont une de mathématiques appliquées et deux de chirurgie.

Jean Puthod, inaugurait les cours de philosophie à la Roche.

Le collège de Rumilly ouvrit une chaire de théologie (1740), grâce à un revenu de trois cents livres légué par le curé Songeon. — Celui de Thônes fut augmenté, en 1740, par le plébain J.-B. Marin, qui laissa des fonds suffisants pour l'entretien de deux nouveaux régents de grammaire et de quatorze étudiants de la campagne.

Le collège de Bonneville ajouta, en 1767, à ses deux classes de grammaire une chaire de belles-lettres et, cinq ans plus tard, une classe élémentaire. Il comptait, en 1774, quatre professeurs, un préfet et soixante-dix élèves (1).

Le collège d'Evian ouvrit une chaire de rhétorique fondée par le Roi (1735), une autre de philosophie, au moyen de capitaux fournis par les ecclésiastiques d'Evian et par le baron Louis de Blonay (1740) et il allait ouvrir une chaire de théologie pour laquelle MM. Bordet et de Grilly avaient donné chacun deux mille livres, lorsque la Révolution éclata. Cet établissement avait cinq professeurs. Quel était le nombre des élèves? Je l'ignore. Mais il devait être considérable puisque, durant le XVIIIme siècle, le canton d'Evian fournit à lui seul vingt-neuf avocats et plus de deux cent soixante prêtres, tous sortis de cette maison (2).

Deux nouveaux collèges avaient été créés : l'un à Seyssel, l'autre à Carouge. Ce dernier, fondé par lettres-patentes du 31 janvier 1786, fut ouvert le 8 mai de la même année. On y enseignait la grammaire, la calligraphie, la rhétorique, les humanités, la tenue des livres et les mathématiques. Chaque année, le Conseil de ville distribuait, avec grande solennité, des prix aux étudiants qui se distinguaient le plus dans les exercices littéraires qui avaient lieu à la fin des cours scolastiques (3).

Mais, de tous nos collèges, le plus florissant était, sans contredit, le collège Chappuisien. Il comptait, en 1774, un

(1) Arch. de la préfecture d'Annecy.
(2) Arch. de la Feuillette, mémoire adressé en 1814 au Conseil de réforme.
(3) Grillet, I, 192.

préfet, un directeur, dix professeurs émérites (1) et près de six cents élèves (2).

Outre ces nombreux collèges, il y avait des pensionnats où se donnaient les premiers principes de latinité. Nous en trouvons un à Bonne en 1793 (3); un autre, à Meillerie, tenu par le sieur Claude-Antoine Peray; trois frères du général Dessaix figurent parmi ses élèves (4). Enfin, le plus célèbre de tous était celui qu'avait ouvert à la Giettaz, dans son presbytère, le vénérable et savant curé du lieu, R^d Claude Vittoz, et dans lequel affluaient les jeunes étudiants de Sallanches, de Flumet, de Megève et même de Thonon (5).

Dans le temps où M. Vittoz dirigeait son pensionnat de la Giettaz, un chanoine de la cathédrale, R^d Nicolas Dumax léguait sa riche collection de livres à la ville d'Annecy (1747) et fondait ainsi la première *bibliothèque publique* (6) de Savoie (7).

(1) Arch. départementales.
(2) Poncet, *Le Collège Chappuisien d'Annecy*, p. 27.
(3) Duval, *Ternier et Saint-Julien*, page cn.
(4) Dessaix-Folliet, *Vie du général Dessaix*, page 31.
(5) Grillet, etc. Ce bon curé était un érudit fort estimé des savants tels que Baulacre; il était de plus le père et l'ami de ses paroissiens. Il consacra son patrimoine à les affranchir des redevances féodales. Il fit encore bâtir à ses frais un pont et s'étant servi de ses nombreux écoliers pour en transporter les matériaux, il leur fit faire des souliers d'écorce de sapin, et il fit graver sur le pont l'inscription suivante :

Nil vani venans, sed publica commoda spectans,
Hunc pontem struxi, Christe, memento mei.

(6) Cette bibliothèque fut ouverte le 27 de mai 1748. Elle s'accrut bientôt des livres du juge-mage Simond, dont parle Rousseau, et du savant et charitable Baussand, curé d'Aranthon, qui laissa un revenu de 800 livres à donner, chaque année, à la fille la plus sage, la plus dévote et surtout la mieux instruite de sa paroisse; un autre de 80 livres pour acheter des souliers aux enfants pauvres, et un autre, enfin, pour acheter au printemps du grain aux familles nécessiteuses, en préférant toutefois « celles qui ne vont pas au cabaret. » — Testament du 10 novembre 1789; *Revue sav.*, 1874.

(7) Celle de Chambéry fut fondée peu après par l'abbé de Mellarède; elle comptait cinq mille volumes en 1783.

Les Evêques, du reste, continuaient de donner l'exemple à leurs prêtres. Mgr Deschamps de Chaumont, mort l'an 1763, légua toute son hoirie aux pauvres écoliers de son diocèse. Mgr Biord, non content d'encourager de tout son pouvoir la multiplication des petites écoles dans les campagnes, en établit lui-même une dans la ville de Carouge avant que personne, ne songeât à en ouvrir (1770); et ne voulant pas « qu'aucun talent restât enfoui dans l'obscurité et perdu pour la patrie, » il fonda pour les pauvres écoliers de son diocèse une bourse dont les revenus seraient employés à leur entretien pendant qu'ils étudieraient dans le pays ou dans les Universités étrangères (1).

A la faveur de tous ces encouragements et de ces fondations, l'instruction secondaire se développa d'une manière étonnante. « Chacune de nos villes possédait un noyau « d'hommes érudits, tenant à honneur d'être instruits des « progrès accomplis dans les sciences et les lettres... Il « n'était pas le plus petit bourgeois qui n'eût sa bibliothèque « composée des chefs-d'œuvre de la littérature française (2). »

Un grand nombre de nos compatriotes se distinguèrent dans toutes les branches de la littérature, de la science et des arts.

Pendant que le curé Besson, les chanoines Grillet et David, l'abbé Claude-François de Genève, l'intendant de Passier, le marquis de Costa et Joseph-François Michaud d'Albens, fouillent nos vieilles chartes et projettent la lumière sur notre histoire;

Le chanoine Riondel, qui collaborait avec Madame Le-Prince de Beaumont, au *Magasin des Enfants* et au *Magasin des Adolescents*; le juge-mage Simond, etc., réussissent dans la belle littérature;

L'abbé Roy, prieur de Draillant; le curé Frère, le chanoine Gazel et l'historien Michaud, cultivent avec succès la poésie;

Le curé de Confignon, Benoît de Pontverre, le chanoine

---

(1) Grillet, art. *Samoëns*.
(2) Jules Philippe, *Les Poètes de la Savoie*, page 80.

Hoquiné, de la Roche; le chanoine Fayre, d'Annecy; Mgr Biord, etc., se distinguent dans la controverse;

Dom Sigismond Quisard, barnabite à Thonon; le Père Garnier, dominicain d'Annecy (1); le P. Gachet, de Megève, surnommé l'*Apôtre des Barbets*, et l'abbé de Saint-Marcel, brillent dans la chaire (2);

Les docteurs Socquet, de Megève; Marin, de Sallanches; Despines, Broisin, etc., se voient admis dans les grandes Académies de médecine d'Italie et de France;

Les avocats Andrery, Saillet et Biord, l'abbé Baussand, acquièrent la réputation d'habiles jurisconsultes;

L'abbé Fontaine, de Boëge, écrit un *Nouveau Plan de Mathématiques*, ouvrage d'une réelle valeur; il est surpassé par l'abbé Daviet, de Foncenex, qui s'attire l'estime de d'Alembert et des grands mathématiciens de l'Europe, et, plus encore par le cardinal *Gerdil* qui, en philosophie, combat victorieusement Locke et Rousseau, et qui, en fait de sciences, le dispute à Lalande.

D'autres s'illustrent par des découvertes dans les sciences naturelles; par exemple, Amédée Frezier, de Vuilly, directeur général des fortifications de Bretagne († 1772); l'astronome Bouverat, des Contamines sur Saint-Gervais, et le grand chimiste Berthollet, de Talloires (3).

(1) Le P. Garnier fut admiré en France et notamment dans la ville d'Anvers qui, voulant perpétuer le souvenir du Carême qu'il y prêcha en 1789 et 1790, fit graver son portrait avec ces mots: *affluentibus omnium ordinum civibus concionabatur.*

(2) A tous ces noms de prêtres qui se sont distingués au XVIIIme siècle par leurs talents et leurs vertus, nous pourrions ajouter ceux de Mgr de Thiollaz, de Mgr Rey, de M. Vuarin, etc., illustres à divers titres et qui tous avaient fait leurs études avant la Révolution.

(3) Durant le XVII.[me] siècle, les sciences firent d'immenses progrès. La botanique fut, pour ainsi dire, créée par Linné et Jussieu; la chimie, par Lavoisier, que la Révolution guillotina (1794). L'anglais Watt, perfectionnant les inventions de Papin et de Newcommen, construisit la première *machine à vapeur* (1764) qu'un français, le marquis de Jouffroy, essaya peu après (1776-1783) d'employer à traîner les bateaux. Les frères Montgolfier inventèrent l'*aérostat* (1783)

L'agriculture et l'élevage du bétail étaient prospères : car nos paysans exportaient chaque année dans le pays de Vaud et dans Genève, 130.000 sacs de froment et autant de menus grains ; le Chablais, à lui seul, expédiait trente mille vacherins, cent mille sacs de châtaignes, etc., fournissait au Val d'Aoste et au Piémont plus de deux mille génisses.

Le commerce et l'industrie n'étaient pas moins florissants. L'horlogerie occupait un millier d'ouvriers dans les environs de Cluses et 528 dans la seule ville de Carouge. Des papeteries fonctionnaient à Faverges, à Cran et à Saint-Gingolph ; des fonderies à Servoz, Aillon et Sallanches. La verrerie de Thorens fabriquait des lustres et des cristaux de choix. Des usines de tout genre s'élevaient partout.

Les beaux-arts étaient cultivés avec un égal succès. Grod-Lambert, de Sallanches, acquit gloire et fortune avec ses portraits. Josserme François, d'Annecy (1676 † 1756), surnommé *Lange*, s'est rendu célèbre par sa galerie des princes de la Maison de Savoie et par divers tableaux de dévotion, tels que : *la Naissance du Sauveur* et *le Vénérable Juvénal Ancina aux pieds de la Sainte Vierge*, où l'on admire une belle ordonnance, un coloris frais et plein de goût. Philippe Lasalle, de Seyssel, perfectionna le tissage de la soie et l'art de peindre sur étoffe. Gringet Louis, de Rumilly, professeur de dessin à Chambéry († 1745), forma de brillants élèves parmi lesquels nous citerons Messieurs de Martinel et de Maistre Xavier.

La musique n'était pas moins en honneur.

La cathédrale d'Annecy, Notre-Dame de Liesse, l'église de Rumilly, avaient chacune une organiste ; Annecy possédait même un facteur d'orgues, Marc Exertier, qui fut chargé, en 1771, de réparer les orgues de la Sainte-Chapelle de Chambéry (1). D'autres villes, Thonon, Saint-Julien, etc.,

qui permet à l'homme de s'élever dans les airs ; Jenner trouva la vaccine et l'abbé de l'Epée trouva le moyen d'apprendre à lire et à écrire aux sourds-muets (1770).

(1) *Revue Sav.*, 1878.

avaient leur maître de musique (1). Un abbé de Motz de la Salle publia, en 1726, une *Méthode de plain-chant* fort estimée et qui fut approuvée par l'Académie des Sciences ; un autre Savoyard, Royer Pancrace, devint, à Paris, compositeur de musique de la chambre du roi et inspecteur général de l'Opéra.

D'autres, plus nombreux encore, se distinguaient dans le noble métier des armes. Citons : Muffat de Saint-Amour, gouverneur de Pavie ; François d'Allinge, le vainqueur de Campo-Santo († 1743) ; Dupuis de Nonglard, qui conquit la Sicile pour l'Espagne ; de Motz de Lallée, de Rumilly, qui battit les Anglais dans les Indes (1780) ; Benoît de Boigne, qui déploya au Delhi le génie militaire d'un Napoléon, et cette pléiade de jeunes officiers qui allaient bientôt donner sur tous les champs de bataille de l'Europe des preuves de leur habileté et de leur bravoure, tels que Dessaix, Chastel, Pacthod, Songeon et Decouz.

Dans toutes les parties du monde, notre pays se trouvait représenté par des intelligences d'élite. Les empereurs d'Allemagne nous demandent des généraux pour leurs armées ; les rois de Pologne viennent chercher en Savoie leurs aumôniers, leurs secrétaires intimes, leurs chambellans et leurs capitaines (2). Joseph Ducroz, de Passy, devient officier major des milices à la Nouvelle-Orléans. Un Gavard, de Vinz, est administrateur des finances en Toscane. L'abbé Cochet, de Faverges, professeur au collège Mazarin, est nommé recteur de l'Université de Paris. Le comte de Viry, ministre plénipotentiaire à Londres, a l'honneur de négocier et de faire conclure le traité de

---

(1) L. Picard, *Hist. de Thonon*, p. 301 ; Duval, *Hist. de Saint-Julien*, p. 200.

(2) Louis de Magny était bibliothécaire du roi de Pologne, Auguste III ; Bardy Joseph, de Samoëns, son secrétaire intime ; Claude-François de Thoire, son chambellan ; M. de Bellegarde, son premier ministre ; et les fils de ce dernier commandèrent en chef les armées autrichiennes. — A la même époque, un Dupré, de Saint-Jean de Maurienne, était secrétaire d'Etat de Parme et Plaisance, et l'immortel Joseph de *Maistre*, ambassadeur en Russie.

Paris de l'an 1763, qui rétablit la paix entre la France, l'Angleterre et l'Espagne. Enfin, des milliers de nos compatriotes, commerçants en France ou en Allemagne, y obtenaient, grâce à leur intelligence et à leur bonne conduite, de la fortune, de la considération et des honneurs (1).

Tel était, au XVIIIme siècle, ce peuple de Savoie que certains folliculaires, que des écrivains ignorants ou menteurs nous représentent comme un troupeau d'esclaves travaillant pour le seigneur, tremblants sous sa férule et livrés à tous ses caprices ; comme un ramassis de brutes ne possédant ni liberté, ni instruction, ni terres, et réduits, pour l'ordinaire, à manger l'herbe des champs (2).

La vérité sur l'état de l'instruction publique avant 1789, tel qu'elle ressort de notre étude, la voici résumée en quelques mots :

1° L'instruction *primaire*, sans être aussi développée qu'aujourd'hui, était très répandue et à la portée de tout le monde : il y avait partout des écoles et la plupart de ces écoles étaient *gratuites*, absolument gratuites, tandis qu'elles nous coûtent, à cette heure, chaque année, près d'un million.

2° L'instruction *secondaire* était également fort développée : car, sans compter les pensionnats, les couvents et les maîtrises, nous avions treize collèges et ces collèges étaient peuplés de nombreux élèves (3).

3° Enfin, ce développement de l'instruction était dû à l'initiative privée : mais il était dû, avant tout et surtout, à l'Eglise, je veux dire à nos évêques et aux prêtres, car c'est à eux que nous devons :

La première Académie française, soit l'Académie flori-

---

(1) Voir *Grillet*, I, p. 181 et suiv.; le P. Plantaz, *Monographie d'Ardèches*.

(2) Lire, surtout dans la période électorale, le *Léman*, les *Alpes*, le *P. André*, le *Patriote*, etc., etc., le *Manuel de Paul Bert*, etc.

(3) La France était encore plus avancée que nous, peut-être : elle possédait 24 Universités et 802 collèges avec 72,747 élèves dont plus de la moitié recevait entièrement ou partiellement l'instruction gratuite (rapport lu par M. Villemain, le 3 mars 1843).

montane, dont le nom vit toujours au milieu de nous ;
Les premières bibliothèques publiques de la Savoie ;
Les deux tiers de nos collèges, et plus de la moitié de nos écoles primaires.

CHAPITRE IX

Le Régime des Collèges et des Ecoles

Avant de terminer cette étude sur l'histoire de l'instruction publique dans la Haute-Savoie, nous allons essayer d'indiquer brièvement quels étaient le régime et le programme de nos maisons d'éducation. — Pour plus de clarté, nous parlerons d'abord des collèges.

1° Collèges

Nomination des instituteurs. — Investie par le Christ, son Fondateur, de la mission d'enseigner les peuples et de juger les doctrines, l'Eglise, nous l'avons vu, s'acquitta fidèlement de cette mission. Elle instruisit les Romains, civilisa les nations barbares, et peu à peu elle couvrit l'Europe, la France surtout, d'écoles, de collèges et d'universités.

A ce double titre de mandataire divin et de fondatrice, l'Eglise s'attribua le droit d'inspecter les établissements d'instruction, de nommer des professeurs, de surveiller leur conduite et leur doctrine, et l'Etat, heureux lui-même de cette intervention, ne songeait guère à le lui disputer.

L'an 1664, l'Evêque de Lyon envoie l'un de ses prêtres avec la charge de visiteur extraordinaire, inspecter les écoles du Lyonnais, de la Bresse et des Dombes.

Il en était de même à Genève. Lorsqu'en 1429, F. de Versonnex fonde le collège de cette ville, il a bien soin de faire intervenir l'autorité épiscopale et celle de l'official

« député par autorité apostolique » avant le consentement des syndics. Et près d'un siècle plus tard, à la veille de la Réforme, à propos d'un différend entre le régent Exerton et le conseil, le chantre de la cathédrale affirme encore que la collation des écoles de tout le diocèse lui appartient *de par son office* et que rien ne se doit faire sans sa participation (1).

Il en était de même en Savoie. Nous avons vu, en 1470, le vicaire général conférer à Jean Boerii, maître ès-arts, la direction et l'administration des écoles de la ville de Thonon. Enfin Mgr Germonio, archevêque de Tarentaise, dans ses fameuses Constitutions promulguées le 5 mai 1609, interdit à tout maître, sous peine de *perdre ses pouvoirs*, de se livrer à un enseignement quelconque sans avoir fait devant lui ou son vicaire, profession de la foi catholique.

On voit bien, il est vrai, la nomination des professeurs dévolue, ici au supérieur de la congrégation enseignante, là au curé ou aux syndics du lieu; mais ceux-ci n'agissaient que sous la haute surveillance et sous le bon plaisir de l'évêque.

Ce pouvoir et cette surveillance attribués aux évêques leur ont été conservés jusqu'à nos jours.

Examen. — Peu à peu, cependant, l'autorité civile s'arrogea une voix consultative d'abord, puis une voix délibérative dans la nomination et l'admission des professeurs. Elle leur imposa des examens, un diplôme. « Personne, dit un arrêté du *Réformateur des Etudes* du 29 août 1739, ne pourra tenir classe s'il n'est *approuvé et patenté*. »

L'aspirant dut donc subir un examen devant un jury. — Voici, d'après le règlement rédigé vers la même époque, le programme de cet examen (2).

---

(1) Galiff., *Genève historiq et archéolog.* I, 307.

(2) Archives départementales. Dans ce programme on ne mentionne point certaines matières qui, pourtant, s'enseignaient dans des cours spéciaux. Ainsi dans les collèges d'Annecy et de Thonon on enseignait les langues, même l'hébreu.

Pour enseigner la philosophie : Dissertation écrite ; examen d'une heure sur toute la philosophie.

Pour la rhétorique : Un discours latin, un français ; examen oral d'une heure sur toute la rhétorique ; explication d'un auteur grec.

Pour les humanités : Version latine et française. Examen oral d'une heure sur les figures de rhétorique, les règles d'amplification et sur la grammaire latine et grecque.

Pour la troisième : Version latine et française. Examen d'une heure sur la nouvelle méthode latine et sur les principes de la grammaire grecque.

Pour les basses classes : Traduction d'une lettre de Cicéron, thème latin ; examen oral.

Durée des classes. — Une fois muni de sa patente et de l'autorisation épiscopale, le professeur entrait en fonctions.

La classe avait lieu deux fois le jour ; elle durait dans les grands collèges, comme Annecy, Thônes, deux heures et demie le matin et trois heures le soir ; elle était de trois heures, matin et soir, dans les collèges de grammaire inférieure.

Congés ; vacances. — Elle se faisait cinq jours par semaine. Les jours de congé étaient le jeudi et le dimanche, les jours de fêtes solennelles et certains autres jours fériés (par exemple, le jour anniversaire de la naissance du Roi), dont le nombre s'élevait à dix-huit (1).

En dehors de ces congés, le règlement était très sévère. Dans les notes qu'il consignait, de temps à autre, dans son *Journal*, vers le milieu du siècle dernier, un professeur du collège d'Evian, Guillaume Faucoz, de Vacheresse, se plaint avec amertume d'avoir été contraint, le matin de ses noces, de planter là son épouse et ses amis pour aller enseigner le rudiment (2) !

La rentrée des classes avait lieu le 3 novembre. La sortie, dans les grands collèges, était fixée au 15 août pour les

---

(1) Statuts littéraires du collège de Thônes, dressés en 1704. (Archives départ.).
(2) Ce journal, dont j'ai publié quelques extraits dans la *Revue Savoisienne*, m'a été communiqué par M. le chanoine Pollion.

classes supérieures, au 14 septembre pour les classes d'humanités et de grammaire. Dans les collèges inférieurs, les vacances duraient du 21 septembre au 18 octobre. Cependant, cette règle n'était pas immuable; puisque, à Thônes, d'après les Statuts littéraires dressés en 1764, les humanistes sortaient le 1ᵉʳ septembre et les élèves des classes inférieures, le 7 et le 13 du même mois.

Matières enseignées. — Voici quel était le programme des examens; on pourra juger par là des matières enseignées et des auteurs suivis :

En sixième : Abrégé de la grammaire française, par M. Restaut; éléments de la langue latine; explication de quelques passages de l'histoire de Sulpice Sévère.

En cinquième : Conjugaisons, syntaxe latine, d'après la nouvelle Méthode de Port-Royal; explication des lettres de Cicéron et des fables de Phèdre; *Excerpta a veteribus scriptoribus.*

En quatrième : Explication des épîtres choisies de Cicéron, d'Ovide; grammaire; prosodie.

En troisième : Comédies de Térence; églogues de Virgile; commentaires de César; *De Senectute* et *De Officiis*, de Cicéron. Lecture des auteurs. Poésie. Mythologie, etc.

En humanités : Cours d'humanités; histoire grecque et romaine, etc.

Le cours de philosophie, qui comprenait, en outre, la physique, la chimie et la cosmographie, durait deux années; celui de droit civil et canonique durait quatre ans. Le règlement recommandait de suivre en philosophie et en théologie les principes de saint Thomas et ceux de Benoît XIV dans son *Synodus diocesana.*

Les élèves composaient une fois le mois, depuis Pâques. Chaque semaine, la joûte intellectuelle qu'on appelle *sabbatine,* et de temps à autre, des exercices littéraires plus solennels venaient exciter l'émulation entre les élèves.

Salaire; pension. — Le salaire des professeurs variait suivant les lieux et les revenus. Les professeurs du collège de Bonneville recevaient de deux à quatre cents livres : le préfet n'en avait que cent. Le traitement des professeurs du collège Chappuisien était plus élevé : il oscillait entre cent et six cents livres.

Quant aux élèves, ceux qui étaient riches et qui n'avaient pas le bonheur de jouir de l'une des nombreuses bourses fondées par de généreux bienfaiteurs (1), donnaient vingt livres par mois pour leur pension ; les commençants, quinze livres. Les pauvres, munis d'un certificat de leur curé, *étaient reçus gratis.*

2° Écoles.

Recrutement et nomination des régents. — Ce que nous avons dit plus haut des collèges s'applique avec plus de vérité encore aux écoles : c'était l'évêque qui nommait les instituteurs.

Le régent était-il prêtre? Devait-il remplir en même temps les fonctions de vicaire? C'était l'évêque qui le nommait et la paroisse lui fournissait le logement et le traitement, à condition qu'il aiderait le curé dans son ministère paroissial.

Était-il chapelain? Le patron de la chapelle présentait un ecclésiastique à l'évêque qui lui donnait des lettres d'institution.

Pour les laïques, le droit de nomination était exercé toujours sous l'autorité de l'évêque (2), tantôt par le chapitre de la cathédrale, tantôt par le doyen local, comme à Samoëns, tantôt par le fondateur qui s'était réservé ce droit

---

(1) Il y avait, dit un membre de l'Université, Michel Chevallier, plus de bourses dans une seule province qu'il n'y en a aujourd'hui dans toute la France. — Un autre, M. Villemain, écrivait en 1843 : « Il est aujourd'hui plus difficile qu'avant la Révolution à un jeune homme capable, mais pauvre, de surgir intellectuellement, etc. »

(2) Ce pouvoir et cette surveillance, attribués à l'évêque, ont survécu même à la Révolution. Jusqu'en 1848, aucun instituteur ne pouvait entrer en fonctions en Savoie, sans un certificat de l'autorité diocésaine, constatant qu'*en raison de sa bonne et louable conduite, il était jugé digne de l'emploi auquel il aspirait.*

dans l'acte de fondation, comme à Scionzier, Passeirier, etc..., tantôt par les syndics. Le plus souvent toutefois, c'était le curé lui-même qui choisissait l'instituteur, examinait ses aptitudes morales et pédagogiques et le surveillait dans ses fonctions.

Bon nombre de ces instituteurs laïques étaient des étrangers, venus des montagnes de la Tarentaise, de la Maurienne, du Briançonnais ou de la vallée d'Aoste. Ils arrivaient d'habitude vers la Toussaint. Quelques-uns portaient trois plumes à leur chapeau, indice de leur triple science : la lecture, l'écriture et *la chiffre*. Tels d'entre eux s'annonçaient à l'entrée du village par le cri : « maître d'école, maître d'école » (1). Leur première visite était pour le curé, qui examinait d'abord leur certificat de foi catholique et de moralité, puis appréciait sommairement leur savoir en présence du syndic ou de communiers notables. Le résultat était-il favorable au candidat, on traitait du salaire.

Une fois d'accord de part et d'autre, le candidat faisait profession de foi catholique; et il entrait en fonctions.

L'autorité civile, les syndics, sachant le prêtre plus instruit, plus capable de connaître ce qui peut être contraire à la foi ou aux bonnes mœurs, laissaient généralement au curé seul le soin de surveiller l'enseignement; pour eux, ils se bornaient à protéger les revenus de l'école contre les abus, les virements d'attribution et les malversations. Nos écoles *libres* ou *privées*, exemptes de toute ingérence de l'administration, s'en passent fort bien et n'en valent que mieux (2).

Salaire. — Le salaire des instituteurs était très variable dans sa source, dans sa forme et dans sa quotité.

(1) F. Buisson, *Dict. pédagogique*, art. *Haute-Savoie*.
(2) Vers la fin du siècle dernier, le Roi, dans ses Instructions au Conseil de réforme, décida bien que les maîtres des petites écoles seraient tenus de subir un examen devant le préfet, assisté d'un professeur du collège le plus voisin; mais nous croyons que cet article n'était pas strictement obligatoire, et s'il fut mis à exécution, ce n'a été que rarement et dans les localités importantes.

Au moyen-âge, la plupart des écoles étaient entretenues par les *Œuvres pies*, c'est-à-dire par le fonds commun des legs et des donations dont les revenus étaient administrés par les procureurs des quartiers ou par la Confrérie du *Saint-Esprit*. Cette confrérie, très répandue dans notre pays, était une espèce de société de secours mutuels et de bureau de bienfaisance des paroisses, établie sous un *patronage religieux* entre les communiers honorables de la localité et se chargeant des dépenses du culte, des pauvres et des écoles.

Quand le fonds commun des aumônes était insuffisant, et ce cas était tout à fait rare, on recourait à une souscription volontaire, ou bien la communauté inscrivait à son budget la somme nécessaire pour parfaire le traitement de l'instituteur, ou bien encore, les élèves payaient une certaine rétribution.

Souvent le traitement se soldait en nature. Dans certaines communes, le maître recevait des uns du pain, du vin, de l'huile, du fromage, etc.; de celui-ci, une paire de sabots ou de souliers ; de celui-là quelques aunes de toile ou de gros drap du pays pour se vêtir. — Dans d'autres, il recevait en payement le déjeuner chez un élève, le diner chez un autre, le souper chez un troisième. L'instituteur devenait ainsi l'hôte familier de tous les foyers, ce qui avait bien son bon côté, et sa dignité ne souffrait pas le moins du monde de cet état de choses (1).

Ailleurs le maître recevait une somme d'argent, variant habituellement de cinquante à cent livres (2), fournie tantôt par une fondation soit par des legs, tantôt par des donations manuelles, tantôt par la rétribution scolaire.

Cette rétribution était de cinq, dix, quinze sols par tête, rarement davantage. Elle variait pour chaque localité suivant le nombre des élèves et parfois, dans la même localité, pour

---

(1) De Jussieu, page 33.

(2) Le régent de Servoz, en 1780, recevait seize livres (outre sa pension sans doute) pour six mois d'école; celui de Thoiry recevait 300 livres.

chaque élève : elle était plus ou moins forte suivant le degré d'instruction plus ou moins avancé de celui-ci, ou suivant le nombre plus ou moins grand des matières qu'il voulait apprendre. Mais partout où la rétribution était exigée, et ce cas, je le répète, était tout à fait rare, il y avait pour les indigents, une liste de gratuité qui était dressée par le curé et le conseil et qui s'allongeait à mesure que les ressources augmentaient.

Gratuité. — Ainsi la gratuité, sans être inscrite dans la loi, existait pour les pauvres partout, et pour les riches dans un très grand nombre de paroisses, dans toutes celles où de généreux bienfaiteurs avaient doté l'école et dans celles où le fonds commun des aumônes suffisait à faire le traitement du maître. Aujourd'hui, ces deux sources de revenus ayant disparu en grande partie dans la tourmente révolutionnaire, la gratuité, bien qu'inscrite dans la loi, n'existe pas ; pauvres et riches payent pour faire instruire leurs enfants et payent fort cher, non plus, il est vrai, sous la forme de rétribution scolaire, mais entre les mains du percepteur, sous la forme d'impôts et de centimes additionnels.

Salles d'école. — La classe se tenait, en quelques paroisses, dans une maison bâtie à cette fin ; ailleurs, dans une maison louée *ad hoc*, comme à Genève au xivme siècle ; ailleurs, dans une salle du presbytère ; quelquefois chez l'instituteur. Parfois même les élèves se réunissaient au domicile de l'un d'eux ; et chez les populations des régions alpestres dont l'habitation d'hiver se confond, de nos jours encore, avec celle de leurs bestiaux, l'école se tenait souvent dans l'écurie : c'est dans une de ces grandes étables de la montagne que le cardinal Billiet et bien d'autres savants personnages commencèrent leurs premières études (1). En été, le magister suivait les familles dans la haute montagne. Ses leçons, données sous un ciel pur, à douze ou quinze cents mètres d'altitude, à des écoliers assis

(1) En 1870, M. Cocheris, inspecteur général, constatait que certaine communes de la haute montagne avaient encore pour école un coin d'écurie. — Cité par M. Buisson.

sur un rocher, sur un tronc de sapin ou sur le gazon, ne devaient pas manquer de pittoresque.

A partir du xvii*me* siècle, les *maisons d'écoles* se multiplient rapidement ; nous en trouvons, par exemple, à Thonon, à Serraval, à Samoëns (1717), et dans la plupart des paroisses de la vallée de l'Arve, telles que : Scionzier, La Frasse, Magland, Cordon, etc., etc.

Le mobilier de l'école était en rapport avec le local. Ici un gros arbre équarri formait la chaise du maître et le banc des élèves ; une poutre, une marche d'escalier servait de table ; la porte, de tableau noir ; un charbon, de craie et le reste à l'avenant. Là on usait des bancs de l'aubergiste du village, à la condition de les rendre le samedi (1).

Toutes les écoles n'étaient pas aussi pauvres, tant s'en faut. Il y en avait même des mieux fournies. L'an 1433, la ville d'Annecy donnait en bail à Jean Ducrest, maître des écoles, une maison dont le mobilier scolaire ferait envie aujourd'hui à plus d'une commune rurale : « tables avec bancs à dossier aux quatre faces, trois arches en sapin, quatre arches en noyer, toutes fermant à clé, etc., etc. (2).

Le poêle de la classe était alimenté par une contribution commune des écoliers ; chacun d'eux, à tour de rôle, devait le matin apporter sa bûche.

Durée de la classe. — La classe durait deux heures le matin et autant le soir, par exemple, à Aillon, Châtel, Cordon, Scionzier, Samoëns, Saint-Jean d'Aulps, Grand-Bornand, Notre-Dame de la Gorge, etc., et même trois heures, comme à Magland.

Congés ; vacances. — L'année scolaire n'était pas partout égale. En certaines paroisses, comme à Servoz, elle n'était que de six mois. Ailleurs, généralement, l'école se tenait presque toute l'année, comme aujourd'hui, et les vacances étaient d'environ sept semaines, savoir : huit jours à Noël, huit jours à Pâques, et cinq à six semaines à l'époque de l'année où les enfants étaient le plus nécessaires

---

(1) M. Buisson, *Dict. pédagogique.*
(2) Ducis, *Revue sav.*

à la maison pour aider aux travaux des champs. Au Grand-Bornand, on choisissait le mois d'août, à Serraval, le mois de septembre et le plus souvent le mois d'octobre. (Magland, Samoëns, etc. (1).

Les jours de congé étaient, comme au collège, le dimanche et le jeudi de chaque semaine (2), les fêtes solennelles et certains autres jours de fêtes au nombre de dix-huit, parmi lesquels on comptait l'anniversaire de la naissance du Roi.

Obligation. — En dehors de ces congés prévus par les statuts, l'école se tenait d'une manière régulière. Parents et magistrats, dans les conventions passées avec les maîtres, stipulaient souvent que ces derniers ne pourraient quitter la classe dans les heures à ce destinées *sous aucun prétexte*, pas même pour assister aux enterrements ou aux grands'messes, et que, s'ils étaient prêtres, ils ne pourraient exercer les fonctions vicariales au détriment des fonctions de régent (3).

D'autre part, les pères de famille et le clergé recommandaient aux enfants la fréquentation de l'école ; il arrivait même que le testateur en faisait une obligation expresse à ses héritiers pour les enfants de ceux-ci (4).

Mais ils n'auraient pas souffert que la loi décrétât l'assistance à l'école obligatoire. Plus fiers que nous, plus jaloux de leurs droits et de leurs libertés, ils n'auraient pas permis que l'État violât les uns et les autres en disposant de leurs fils ou de leurs filles sans leur exprès consentement.

Matières enseignées. — Ils n'auraient surtout pas voulu de l'école *laïque*, de l'école *athée*. Comprenant que de toutes les sciences, la plus utile, la plus nécessaire, est la science de savoir *bien vivre*, de savoir respecter les droits d'autrui et maîtriser ses passions ; que la « crainte de

---

(1) Les vacances étaient, au Biot, du 15 août au 15 septembre; à la Frasse, du 14 septembre au 1ᵉʳ novembre.
(2) A Samoëns, à cause du marché, je pense, on donnait congé le mercredi.
(3) *Par exemple* : à Selonzier, à La Frasse, au Grand-Bornand, etc.
(4) Galiffe, *Matériaux*, I, 213.

Dieu est le commencement de la sagesse », ils voulaient qu'on enseignât, avant tout, à leurs enfants, la doctrine et la morale de Jésus-Christ. Non seulement ils exigeaient que le maître employât une heure par jour, ou au moins, comme à Magland, etc., un jour par semaine à leur faire le catéchisme ; mais ils veillaient à ce que les livres qu'on leur mettait entre les mains, fussent tous imprégnés des enseignements de la foi.

En effet, les livres les plus universellement admis, outre le catéchisme, étaient : l'abécédaire ou *croix de par Dieu*, la *Bible* et la *Civilité chrétienne* en caractères gothiques. Quand ses élèves savaient lire et écrire, le maître, dans l'immense majorité des paroisses, leur apprenait l'*arithmétique*, à la science de laquelle on attachait une grande importance, le *plain-chant* et la lecture des *manuscrits*, soit des papiers de famille, contrats, baux, comptes, copies d'actes juridiques et pièces de procès : « les procès étaient déjà nombreux, et nos pères tenaient à pouvoir déchiffrer eux-mêmes ces grimoires. » Il devait même, en beaucoup d'endroits, comme à Combloux, Magland, etc., y ajouter, « pour les mettre en état d'entrer dans un collège, » une leçon de grammaire et de latin.

On enseignait aux filles la lecture, l'écriture et les travaux à l'aiguille, souvent même, les premiers éléments du calcul.

Ce programme, je l'avoue, était moins étendu que celui de nos jours; mais il était plus rationnel, plus proportionné aux forces et à l'intelligence de l'enfant. Ce dernier apprenait moins de choses, il apprenait mieux. En développant outre mesure le programme des écoles, en exigeant trop des enfants, en les *surmenant*, pour employer une locution aujourd'hui en vogue, on énerve leurs corps et leur intelligence, on nous prépare, de l'avis des médecins et des publicistes républicains eux-mêmes, une génération de rachitiques et de ramollis.

J.-F. GONTHIER, Curé.

DOCUMENTS

N° 1.

Fondations d'écoles par des diocésains émigrés à l'étranger
(analyse des actes.)

1691. — *29 juillet*, M° P. Burnier de *Cordon*, marchand et bourgeois de Mayence, fait bâtir dans son village une chapelle et une maison d'école et il donne six mille florins pour y établir un maître qui devra enseigner « les bonnes mœurs, à bien lire et bien écrire, l'arithmétique, même les principes de grammaire pour un écolier de 5ᵐᵉ et encore le chant. » (Arch. épisc. et arch. du Sénat.)

28 déc. 1702, fondation d'un prêtre-régent à *Saint-Nicolas de Véroce* par Claude, feu Louis Revenat de Saint-Nicolas, habitant de Thonon, qui donne à cet effet 10.000 florins. — Rᵈ Joseph Charles y est régent en 1714 et encore le 6 août 1718 que J.-P. Revenaz, habitant aussi Thonon, ajoute 1333 livres à cette fondation, sous la charge de quelques messes. (Arch. épisc.)

6 juillet 1703, Revenaz Nicolas, marchand et bourgeois de Vienne en Autriche, fonde à *Saint-Gervais*, son pays d'origine, une régence dirigée par un prêtre chargé d'enseigner à la jeunesse la lecture, l'écriture, la grammaire, le plain-chant, l'arithmétique et le catéchisme. Il applique la somme de 10.000 florins à cette fondation que Mgr Biord enrichit plus tard en lui unissant la chapelle de la Présentation du hameau de Cupellin. (Arch. épis.)

Le même, par son testament du 12 mars 1717, légua une certaine somme pour bâtir une école pour les filles et 3.000 florins pour payer une maîtresse qui leur apprit à lire, à écrire et à travailler. (Ibid.)

26 août 1706 (Pernat, notaire), Nicolas feu Michel Saillet,

marchand et bourgeois de Vienne en Autriche, originaire
d'Arâches, donne 10.000 florins pour entretenir un prêtre
qui serait appliqué particulièrement à l'instruction de la jeunesse d'*Arâches* et qui devra enseigner « grammaire, arithmétique, plain-chant, principes de religion et bonnes mœurs. »
— Le 11 juillet 1751 Claude Pernat donne 2.000 gouds pour
l'affermissement de ce collège. (Arch. épisc. f° 62.) R^d Jacquet y
est régent en 1709-1729.

1713. Fondation d'une école à *Flumet* par Claude Ruclic, de
Saint-Nicolas la Chapelle, habitant à Rome. Cette école devint
bientôt prospère et porta le nom de collège. L'abbé Joguet y
fit ses classes de latin et d'humanités. (1777-1780.) (Note
commun. par M. Pettex, qui, avec sa bienveillance accoutumée,
a mis à ma disposition tous les renseignements qu'il possédait
sur le sujet par moi traité.)

21 fév. 1717. P. Garnier, marchand et bourgeois de Vienne
en Autriche, agissant comme procureur du P. Gervet, marchand franc de cour (sic) de S. M. Impériale, lequel « désirant
« de fonder une régence dans la paroisse de *Scionzier* où il a
« plu à Dieu de luy donner naissance et où il souhaite de
« laisser un monument éternel de son affection et du zèle qu'il
« a d'y établir de mieux en mieux la gloire et culte de Dieu et
« en même temps l'avancement des enfants qui y sont et
« naistront........ dans l'étude des belles-lettres et du com-
« merce, a pris la résolution d'y établir un prestre capable d'y
« instruire la jeunesse, » — donne à la communauté la somme
de 12.000 florins de Savoie et nomme régent R^d Claude Debiole,
prêtre de Scionzier, avec un traitement de 500 florins et charge
de tenir les écoles cinq jours par semaine et quatre heures par
jour, sans exception. Il lègue de plus 2.000 florins pour aider
à bâtir l'habitation du régent, en laquelle les communiers feront
construire une chambre à feu pour les enfants du lieu de
Marnaz et 3.000 florins pour entretenir u.) fille ou femme rière
le dit tiers de Marniaz qui apprendra aux jeunes filles à lire, à
écrire et à coudre et nomme régente Pernette Pasquier, veuve
de P. Roulet du dit lieu. — Ratifié le 11 juillet 1718 par les
communiers qui demandent encore une chambre pour les
enfants de Vongy. (Arch. épisc.)

17 août 1717. J^h feu égrège F. Dubuin de *Samoëns*, bourgeois d'Augsbourg, donne 4333 livres 6 sols et 8 deniers en
laissant la nomination des régents aux prêtres de la collégiale

et veut que l'école se tienne dans la classe « qui a esté bâtie pour cest effect, » conformément à l'acte passé par les syndics et bourgeois le 9 mars 1714.

1719-1720, Anselme fen Etienne Bonjon et Claude Bonjon, son neveu, de *Champange*, en Chablais, trafiquants en Allemagne, fondent une chapelle au lieu de Champange et donnent un revenu suffisant à l'entretien d'un prêtre qui tiendra les écoles tous les jours libres et deux fois le jour. (Ibid.)

24 juin 1764, Claude Duvieux, gagne-deniers, demeurant à Paris, rue des Deux-Ecus, teste léguant à la paroisse d'*Arith* 3,600 livres de France pour construire un bâtiment d'école pour les filles et garçons. Le 29 avril 1765 le conseil demande à l'évêque l'autorisation d'employer cette somme à payer un vicaire qui fera l'école dans une chambre du presbytère. Une maîtresse d'école y fut nommée le 11 déc. de la même année. (Ibid.)

27 février, 13 nov. 1765, Roux notaire; Claude-Joseph, fils d'Anselme Poncet *de la Frasse*, habitant de Sassin en Hongrie, après avoir agrandi la chapelle du village, fait bâtir une maison d'école et donne au chapelain-régent qui y sera établi le capital de 12,000 livres, sous la charge de cinq messes hebdomadaires. Le chapelain-régent y fut tout de suite installé. (Ibid.)

L'évêque de Bernex fut, après Mgr d'Alex, le grand inspirateur de ces fondations. Connaissant plusieurs de ses diocésains qui, s'étant avancé par le commerce, avoient formé des « établissements avantageux en France, en Allemagne et dans « d'autres Etats, il entretenoit avec eux une correspondance « exacte et leur rendoit tous les bons offices qui pouvoient « dépendre de lui. Mais lorsque l'occasion s'en présentoit, il « leur exposait naïvement les besoins des paroisses où ils « avaient été baptisés. Ses vives exhortations ne manquoient « jamais d'exciter leur piété; et ceux-ci répondant favorable- « ment au Prélat lui envoyaient des secours prompts et effec- « tifs. Ceux qui ont le plus contribué à la dotation des écoles « du Faucigny sont des négocians nés dans cette province et « établis à Vienne, en Autriche. L'évêque de Genève a eu soin « de consacrer leurs noms à la postérité : à mesure qu'il en « recevoit des remises, il les faisoit inscrire dans le Livre « Synodal. » — Il obtint ainsi la somme énorme de « cinquante « mille écus dont il se servit pour *fonder des écoles* de l'un et de l'autre sexe, dans les paroisses de la même province, qui étoient hors d'état de faire cette dépense. » (*Vie de Monseigneur de Rossillon de Bernex*, imprimée à Paris en 1751, 2ᵐᵉ partie, page 169.)

N° 2.

Fondations d'écoles par des laïques demeurés dans le pays.

25 février 1684, N... de Rossillon, Mᵉ de Bernex, fonde à *Thônex* un maitre d'école et une chapelle sous le vocable de l'Immaculée Conception. — Quelques jours après, 5 mars, Rᵈ Jʰ Mʳⁱᵉ de Rossillon, son frère, préfet de la Sainte-Maison de Thonon, augmenta les revenus du recteur et lui offrit un logement dans sa maison. (Ar. épisc.)

19 sept. 1694, Pierre Hugard Mermet et Jean Jaccard de *Nancy-sur-Cluses*, donnent, le premier, mille florins, et le second 200, pour établir un maitre d'école à Nancy au choix de la communauté. (Arch. épisc.)

1ᵉʳ juillet 1703, égrège Etienne feu Fᵒⁱˢ Presset donne au recteur de la chapelle de N.-D., etc., par lui fondée à *Viuz-en-Sallaz*, une maison avec champs et verger et son entretien, à condition qu'il fera l'école deux fois le jour et qu'il apprendra *gratis* à lire, à écrire et encore le latin. Rᵈ J. B. Dépierres est nommé recteur le 10 du même mois.

18 octobre 1722, Maitre Théophile Mailland augmente de la somme de 1,333 livres 6 sols et 8 deniers le capital déjà constitué en faveur du vicaire de *La Biolle* pour engager celui-ci à instruire les jeunes gens de la paroisse et principalement ceux du hameau de Savigny. (Ibid., f° 553.)

7 août 1726, Louise d'Allinge, chanoinesse de Remiremont, lègue à la commune de *Sciez* divers fonds et rentes pour l'établissement d'une école en faveur des pauvres jeunes filles de la paroisse et 7,000 livres aux Oratoriens de Rumilly pour l'éducation d'un jeune gentilhomme. (Arch. épisc.)

1717-1729, divers particuliers de *Combloux* donnent six mille livres pour l'établissement d'un troisième prêtre qui instruira les enfants jusqu'à ce qu'ils soient en état d'être envoyés dans un collège. Jean-Michel Ramus (19 avril 1729, Pichat, notaire) et Jacquemine Giguet, sa veuve, donnent à eux seuls 4,800 livres. Le premier régent fut l'abbé J.-F. Ramel. (Ibid., homolog. du 14 nov. 1729.)

1ᵉʳ janvier 1733, Audé, notaire; N. et N. Burdet d'*Annecy*, frère et sœur, donnent au recteur de la confrérie du T. Sᵗ Sacrement le revenu de 300 livres et 24 ducatons sous charge d'enseigner la jeunesse. — 3 oct. 1755, une sainte femme, Madame Jacquemet, faisait une fondation pour assurer l'instruction aux jeunes garçons de la ville, et, vers le même temps, une autre personne donnait 1,500 livres pour le succès de la même œuvre. (Mercier, *Souvenirs*, p. 134.)

12 févr. 1761, Charlet, nʳᵉ; P. Berthod, testant, lègue cinq mille livres de Savoye en faveur d'un collège érigeable rière le village des *Ouches* pour l'érudition de la jeunesse, soit en faveur d'un prêtre qui sera nommé régent et qui devra enseigner la grammaire et les principes de la latinité. (Homol., 4 sept. 1762.)

7 oct. 1763, Jacqueline Croison, veuve de P. Berthier, héritière de F. Croison, son frère, décédé à Paris, lègue au curé de *St-Jeoire* une rente de vingt livres payables chaque année au prêtre qui fera l'école au dit lieu. (Homol., 20 sept. 1773.)

1768, 27 juin, Blanchet, notaire; Pierre Thabuis de *Ballaison* lègue le capital de 716 livres pour commencer le traitement d'un vicaire-régent. D'autres particuliers enrichirent peu après cette fondation et l'école s'ouvrit aussitôt, ou se continua : car il est probable que les vicaires existant dans la paroisse avant cette date faisaient déjà la classe.

14 mai 1772, Buttin, notaire, les sœurs Raddaz, par l'entremise de Jʰ Charveys, leur procureur, donnent 10,000 livres et un bois de sapin pour l'établissement d'un vicaire-régent *aux Contamines-sur-St-Gervais*. (Ibid., homolog. du 26 sept. 1773.)

2 avril 1775, divers particuliers de *Montriond* donnent 5,015 livres en faveur d'un prêtre régent. (Arch. de l'évêché.)

10 juillet 1776, établissement d'un prêtre régent à *Passy*. Bien des années auparavant divers particuliers avaient légué certaines sommes à cette fin. Le 12 avril 1750, l'évêque avait uni quatre chapelles au vicariat-régence que l'on voulait fonder. Une maison avait été acquise le 11 nov. 1757. Enfin, par délibération du 3 mai et du 20 nov. 1774, le Conseil avait déclaré vouloir appliquer à cette fondation : 1° la somme de

2,350 livres à eux données par Sa Majesté pour les indemniser des dommages causés par la grêle en 1763 et 1768; 2º celle de 3,068 livres offertes par F. feu Prosper Crottet, leur compatriote habitant à Paris; 3º celle de 600 livres léguées par Rᵈ Nicolas Delacquis, prêtre, (codicille du 15 nov. 1689); 4º enfin, diverses autres sommes, formant avec les précédentes, le capital de 8,183 livres. (Archives de l'évêché, 6 février 1749, etc.)

1779, établissement d'un vicaire-régent à *Pratz*. Quatre ou cinq particuliers de *Megève* avaient donné près de 8,000 livres dans ce but. Un Jean-Michel Besson-Grange avait donné à lui seul 4,400 livres (1776). Jean-Daniel, 1,020 (4 mai 1772) et George Joud, 2,000 (12 juillet 1772). (Ibid. 12 déc. 1776.) Le premier régent fut un abbé Berthet.

Nº 3.

Fondations d'écoles par les communautés.

1ᵉʳ juillet 1767, Mgr Biord autorise les habitants de *Morzine* à prélever pour un prêtre-régent la somme de trois mille livres sur les 5.700 léguées aux pauvres honteux de la paroisse par F. Rosset de Morzine, marchand et citoyen d'Aoste et par Fᵉ Quey, sa veuve (actes du 2 août 1731 et 9 avril 1743). Déjà diverses personnes, en tête desquelles le curé, Rᵈ Maurice Grillet de Châtel, avaient donné à la même intention la somme de 4.800 livres. (Arch. de l'évêché.)

27 fév. 1695, Girerod nʳᵉ, les paroissiens de *Châtel* donnent 10.000 florins pour avoir un second prêtre, et six ans plus tard, ils obtiennent d'appliquer à cette œuvre une fondation de 1080 florins, à la charge pour le vicaire de tenir les petites écoles deux fois le jour. (Ibid.)

24 fév. 1771, les habitants de *Collonge-Fort-l'Écluse*, pour avoir un vicaire qui enseigne la jeunesse, s'imposent par feu ayant charrue une mesure de froment soit 3 livres de France — et demi-quart ou 30 sols par autre feu. (Ibid., homol. 20 mars 1772.)

27 juillet 1777 (P. Vulliet notaire), divers particuliers du *Biot*, parmi lesquels je remarque le curé Jʰ Taberlet, son vicaire,

André Lugrin, le châtelain Vulliet, F⁰⁹ J^h Galley, chirurgien et R^d Joseph-F^o⁹ Galley, son fils, donnent 7.751 livres et 10 sols pour fonder un vicaire-régent qui devra enseigner le chiffre, les manuscrits et la grammaire jusqu'en humanités. Le 31 août de la même année, d'autres particuliers donnent 1.458 livres à la même intention. (Ibid.) L'abbé Morand, mort fusillé à Thonon, la dirigea de 1788 à 1792.

1783. Les habitants de *Thoiry*, habitués d'avoir « dès un temps immémorial, un maître d'école salarié par la communauté, mais désirant d'en avoir un qui ne fût pas chargé de famille, » c'est-à-dire un prêtre, s'engagent à lui payer la pension, le logement, et 150 livres annuelles en outre des 300 livres accoutumées (Ibid.).

N° 4.

Fondations d'écoles par des prêtres.

17 mai 1680, R^d Claude Naz, bourgeois de *Thonon*, prêtre-administrateur du prieuré de Saint-André de Bellentre, considérant qu'il n'y a à Thonon aucun maître stipendié pour enseigner les enfants, donne à la ville la somme de 3.000 florins — et prie les syndics de fournir un maître « capable et idoine à « donner aux enfants les principes des lettres, de la piété et du « christianisme jusqu'à ce qu'ils commencent de composer. » Le 19 mai, le conseil accepte d'établir un régent abécédaire et décide de le payer partie avec la fondation du R^d Naz, partie avec le legs fait à la ville par R^d Pierre Bouverat, prêtre de la Sainte-Maison, dans son test. du 30 déc. 1668. (A. du Sénat.)

1681, 3 août (Mouchet notaire), R^d Maurice Grobel, curé du Ville-en-Salaz, augmente de trois cents livres le revenu de la chapelle de Saint-Jacques récemment fondée par lui et ses frères dans l'église de *Boëge*, mais à la condition que les recteurs seront « perpétuellement obligés d'enseigner dans le dit lieu de Boëge et de tenir les petites écoles à perpétuité. » — Quelques années plus tard, 10 février 1730 (Pinget n^re), Jean-Baptiste Grobel, frère du précédent et ci-devant maréchal des logis, augmente ce revenu de 260 livres sous la même clause. (Arch. de la cure de Boëge et de l'évêché.)

1 mai 1689-1715 et 1731, R⁴ Tochon Jean-Dominique, curé du *Grand-Bornand*, lègue 2.000 florins en faveur d'un 3ᵐᵉ prêtre. Ce troisième prêtre fut installé en 1715 : c'était R⁴ Joseph Périllat. Dans le règlement qu'on lui traça, on lui défendit de faire les fonctions de vicaire et on défendit au curé ou au vicaire de prendre des écoliers. Il eut pour successeur R⁴ Guillaume Bétemps de Saxel : le 9 avril 1731, les habitants du hameau du Bouchet, reconnaissant les services rendus par M. Guillaume Bétemps, second vicaire, surtout par le soin qu'il a toujours eu pour enseigner la jeunesse, le nomment recteur de la chapelle du Bouchet dédiée à Saint-Antoine de Padoue, à condition qu'il continuera d'élever la jeunesse. (Arch. de l'évêché, homol. 20 juin 1731.)

30 juillet 1694, R⁴ Claude Nic. Colliet, chanoine de la collégiale de Sallanches, donne 3.000 florins pour établir un maître et recteur d'école à *Chamonix* pour instruire et élever la jeunesse. (A. du Sénat.)

6 juin 1700, M. J.-F. Fontaine, natif de *Magland* et curé de Saint-Nicolas de Véroce, donne à la paroisse de Magland pour l'aider à tenir un second vicaire, qui fera l'école sans discontinuation, le revenu de 333 livres 6 sols 8 deniers payables après son décès. — Déjà, quelques années auparavant, un particulier de la même commune, nommé Jean Sauthier, avait donné une maison située au chef-lieu, qui servit pour les classes et pour le recteur, 2 nov. 1686. (A. épisc.)

La fondation du curé Fontaine ayant, paraît-il, périclité, de nouveaux bienfaiteurs, parmi lesquels Claude-François Béné qui donna cinq mille livres *(test. du 21 nov. 1776)*, rétablirent la dotation de l'école. La communauté restaura et agrandit la maison d'école et un nouveau règlement fut dressé le 27 décembre 1781 par le conseil, le curé, le châtelain et trois notables du lieu. *(Ibid.)*

1703, F. Levet, curé d'*Entremont* en Genevois, fonde une école en ce lieu et lui procure une rente perpétuelle de 361 florins 6 sols. (Archives de l'évêché.)

10 juillet 1713, R⁴ Fleury, chanoine de N. D. de Liesse, considérant qu'il n'y avait dans la ville d'*Annecy* aucune école gratuite pour les petites filles, donne à la ville une maison, rue Notre-Dame et le capital de 20,000 florins pour y tenir deux maîtresses d'école « filles ou vefves, sans enfants, de bonnes « mœurs, bien instruites en notre religion... capables de bien

« enseigner aux jeunes filles ce qu'il convient qu'elles apprennent » et on leur donnera à chacune le traitement annuel de 350 florins. Le même donnait encore le revenu de 200 florins pour le chanoine qui fera le catéchisme aux écoliers. (Mercier, *Souvenirs*, p. 433; arch. du Sénat.)

Un peu plus tard (1765), un chanoine de la cathédrale, R⁴ Buaz, désolé de voir que « malgré toutes les instructions qui se font à Annecy, les pauvres de la ville ignorent les principaux devoirs du chrétien » donne 8.840 livres pour les faire catéchiser une fois par semaine et pour leur faire distribuer chaque fois sept livres et 6 sols, afin de les rendre plus assidus. (Mercier, *Souvenirs*, p. 434.)

17 juin 1727, R⁴ P. Sonjeon, de Rumilly, curé d'Ansigny, fonde à *Rumilly*, par son testament, un deuxième vicaire qui serait chargé de tenir les petites écoles. (Croisollet, *Hist. de Rumilly*.)

13 mai 1728 (Buelin notaire), R⁴ Claude Gaillard, curé de *N. D. de la Gorge*, voulant employer utilement les biens « qu'il a plu à Dieu de lui confier » fonde à N. D. de la Gorge, qui possédait déjà un vicaire dès l'année 1712, un troisième prêtre qui sous le nom de sacristain « sera chargé d'enseigner
« la jeunesse de concert avec le R⁴ sieur vicaire... le tout
« gratis à ceux de N. D. de la Gorge et à quatre des plus pro-
« ches parents du R⁴ sieur fondateur, et, à défaut de ceux-ci,
« à quatre des plus pauvres de la paroisse de St-Nicolas
« de Vérosse. » Le vicaire leur apprendra la lecture, l'écriture et l'arithmétique, pendant que le sacristain leur enseignera la grammaire et le plain-chant. Ce même curé, ayant, avant de mourir, fait encore quelques épargnes, les consacra à des fins pieuses : ainsi, il légua 460 livres pour acheter chaque année du blé de semence qui sera distribué le 3 mai aux pauvres les plus nécessiteux de N. D. de la Gorge et de St-Nicolas. (Archives de N. D., communiqué par le R. P. Marullaz.)

En *1728*, une Bally de la Roche, veuve Dupuis, avait donné au curé de *Chêne-Thônex* sa maison et le jardin y attenant qu'elle possédait à Chêne-Thônex pour y établir une école. Cette dame étant morte peu après, avant que le curé eût accepté et que l'acte fût insinué, la donation devenait nulle; mais le Roi ordonna qu'elle sortirait néanmoins son effet. Un vicaire-régent fut installé l'année suivante. Toutefois la dotation étant insuffisante, R⁴ Claude Guillot, curé-doyen d'Anne-

masse, à l'instigation de Mgr Biord, donne mille livres (1768);
l'abbé de Barral et sa sœur, qui s'étaient déjà chargés de loger
et d'entretenir la maîtresse d'école, donnèrent 6.000 livres, et
R⁴ Delachenal, curé de Lucinge, 2.500 livres, le 7 mars 1771,
Thorin, n°. (Archiv. de l'évêché.)

13 avril 1742, R⁴ Antoine feu Jean Ballancet, archiprêtre
de St-Jean des Siz donne 1.800 livres pour un troisième prêtre
qui sera chargé d'enseigner les enfants *de la Clusaz* moyennant
rétribution.

Le *29 août 1747*, J^h-F^{ois} Tournier, suivant la volonté de
R⁴ Claude J^h Tournier, son oncle, curé de la Clusaz, cède divers
biens pour établir des régents dans quatre hameaux de la localité. Le Conseil général des pères de famille, appelé à délibérer
sur cette dotation, émet le vœu qu'on emploie les fonds légués
à fonder un vicariat-régence. (Arch. de l'évêché.)

R⁴ Fichet, mort curé *de Manigod* en 1743, lègue 1.200 livres
pour fonder dans cette paroisse un vicaire-régent. M. Chappaz, qui lui succède, lègue 500 livres pour la même fin.
(Vittoz, *Notice sur Manigod*.)

Par acte du *16 juin 1681*, R⁴ Jacques Avrillon de *Thônes*,
donne 400 florins au recteur de la chapelle par lui fondée, afin
qu'il enseigne les jeunes gens de ce lieu jusqu'à ce qu'ils
soient capables d'étudier dans la troisième classe du collège
d'Annecy. (Archiv. du Sénat et de l'évêché d'Annecy.)

Soixante-huit ans plus tard (*8 août 1749*), un plébain de
Thônes, J.-B. Marin, natif des Clées, fonde une école pour les
personnes du sexe, dote le collège de deux nouvelles chaires
et assigne des revenus suffisants pour loger et nourrir quatorze
pauvres étudiants de la campagne, et il consacre à ces diverses
œuvres un capital de 18.600 livres. (Ibid.)

Un prêtre, du nom de Credoz, mort le 4 juillet 1766, avait,
par acte du *11 juillet 1750*, donné 4.800 livres pour fonder
un collège dans le bourg d'*Ugine*; plus tard, il augmenta cette
rente. La paroisse devait fournir la portion congrue et le
logement.

Un vicaire-régent, R⁴ Decerize, ayant été nommé en 1770
et n'ayant pu retirer son traitement, Mgr Biord, par ordonnance du 8 oct. 1771, décréta : 1° que le régent habiterait avec
le curé et serait un quatrième altarien du lieu ; 2° qu'il
pourrait percevoir lui-même les revenus des mains de l'exac-

teur, à condition toutefois de payer au curé une pension de 260 livres. (Archiv. de l'évêché.)

Le *3 octobre 1751*, les chanoines de Munster en Westphalie donnaient 2.992 livres pour fonder à *Lancy* un prêtre qui instruira la jeunesse. (Ibid.)

30 août 1753, Violland n⁺⁰ et *26 juin 1755*; R⁴ André Lagrin, chanoine et curé d'Hermance, natif de Lagrin, donne un revenu de plus de 400 livres pour l'entretien d'un prêtre résident qu'il veut établir au lieu de *Veron*, pour desservir la chapelle du hameau et pour faire l'école. (Arch. de la cure de Lagrin.)

R⁴ Chappaz, curé de Manigod, lègue à sa mort *(1758)*, deux mille livres à l'école de *Thorens*, sa paroisse natale, et de plus un capital destiné à habiller chaque année, le 27 décembre, douze pauvres de Thorens et autant de Manigod. (Vittoz, notice sur Manigod.) — Un autre prêtre, Jean Puthod, mort vicaire-général du diocèse de Genève en sept. 1791, augmente les revenus de cette fondation. (Grillet, art. *Thorens*.)

1768, le 8 de juin, Briguet notaire; R⁴ Jacques-François Moutillet curé de Nangy, natif d'*Hermance*, donne sa maison et un revenu de 400 livres 9 sols au prêtre qu'il plaira à Monseigneur de nommer après son décès « pour enseigner gratuitement « dans la dite ville (d'Hermance) l'A. B. C. et à lire et écrire « aux enfans mâles des bourgeois et habitans du dit Hermance... « et même pour ceux des dits bourgeois qui auront de la dispo- « sition pour l'étude de leur enseigner et apprendre les prin- « cipes de la grammaire et à composer des thèmes, s'ils le « désirent, jusqu'à ce qu'ils soient capables d'entrer dans la « classe de troisième. » (Arch. épisc., f. 231.)

1769, 16 déc., Debaud, n⁺⁰, le même curé lègue divers capitaux (mille livres environ) à la paroisse de *Nangy*, dont le revenu sera donné à un homme de la paroisse « qui sache bien lire le latin et le français, afin qu'il soit en état de l'enseigner aux enfants de la dite paroisse... » (Ibid.)

8 mai 1772, R⁴ Pierre Lombard, chanoine du Sᵗ-Sépulcre d'Annecy, natif de Passeirier, par son test. du 8 mai 1772, Feuillat n⁺⁰, lègue 50 livres à la bourse des pauvres clercs, cent livres aux pauvres prêtres, cent à l'hospice de N. D. de Liesse, 700 à l'hôpital général, et une rente de 40 livres à une personne qui sera élue par son neveu (André Lombard) pour apprendre « à lire aux enfants de *Passeirier*. » (Archiv. de l'évêché.)

7

31 mars 1776, établissement d'un prêtre-régent à *St-Jean d'Aulps*. R⁴ Joseph feu Ant. Bouvet, natif du dit lieu et chanoine de la collégiale d'Annecy, avait par son testament du 12 mai 1775, légué la somme de 4,000 livres pour contribuer à l'établissement d'une école à *St-Jean d'Aulps*. Divers particuliers firent quelques autres dons; le conseil y ajouta 4,000 livres, ce qui fit en tout 10,588 livres, et le vicaire-régent fut établi.

R⁴ Paul Germain, curé de *Reyvroz*, par son testament du 29 sept. 1780, lègue 2,250 livres au Conseil du lieu « pour contribuer à l'établissement d'un second prêtre, soit vicaire-régent. » (Archiv. de l'évêché.)

23 novembre 1781, R⁴ Doix de Beaufort, curé de *Veigy* en Chablais, qui avait déjà établi dans son hameau natal un chapelain chargé de l'éducation de la jeunesse, légua par son test⁴ du 23 nov. 1781 : 1° à la caisse des pauvres écoliers fondée à Annecy, la somme de cinq mille livres en se réservant « que « les écoliers de la présente paroisse de Veigy jouiront priva- « tivement à tous autres des revenus de la dite somme, lorsque « leurs besoins seront constatés par le conseil du présent « lieu ; » 2° Il lègue aux curés, ses successeurs, tous les biens-fonds et toutes les rentes dont il sera trouvé possesseur en Chablais et lieux voisins, à condition « qu'ils tiendront un prêtre qui les aidera dans leurs fonctions pastorales en qualité de vicaire » et qui, en outre, sera tenu de faire « la petite école pour l'ins- « truction de la jeunesse de la dite paroisse, tous les jours non « fériés. » (Arch. municip. de Veigy.)

Le 2 mars 1784, le curé de *Serraval*, R⁴ Claude-Donat Nicoud, d'Alby, offre de bâtir pour ses paroissiens une maison d'école à la condition que ceux-ci fourniront les pierres et le bois. Quatre mois plus tard, le *1ᵉʳ juillet 1784*, Golliet, nʳᵉ, agissant en son nom et au nom de Pierre-André Cohendet, de Serraval, négociant et bourgeois de Reims, en Champagne, il offre encore dix mille livres pour l'établissement d'une école gratuite de garçons tenue par un prêtre qui devra s'appliquer à l'enseignement de la lecture, de l'écriture, de l'arithmétique, du plain-chant, de la doctrine chrétienne et même des premiers principes de la grammaire latine. *12 août 1787*, acceptation des communiers. (Homol., 17 sept. 1788.)

17 oct. 1788, R⁴ Burgat François, curé d'*Etrembières*, donne une vigne d'un revenu annuel de 4 1/2 ducatons pour l'enseignement de la jeunesse. (Archiv. du Sénat.)

16 août 1789, le curé Nicoud, le même qui venait de fonder une école à Serraval, donne dix mille livres à la paroisse d'Aillon, pour fonder un troisième prêtre qui enseignera l'écriture, la lecture, la chiffre, le plain-chant et le latin.

N° 5.

Avis sur les petites Ecoles.

I. Tous les pasteurs, qui ont la grace du ministére, sont convaincus, qu'ils ne peuvent rien faire de plus glorieux pour l'Eglise, ny de plus utile pour les âmes que d'établir les petites ecôles dans leur Paroisse.

II. Il ne suffit pas que la jeunesse y apprenne à lire et à écrire; mais il faut en outre qu'elle s'instruise des vérités et des mysteres de nostre foy, et des pratiques de la vie chrestienne. Et pour cet effet, il faut y établir exactement la priere du matin et du soir, la pratique de l'exercice du chrestien pendant la journée, et y faire frequemment des instructions familieres, et par interrogats sur tous les devoirs generaux et particuliers du chrestien.

III. Messieurs les Curés doivent se servir des petites ecôles, comme d'un moyen tres propre, pour discerner les enfants qui semblent avoir quelque vocation à l'estat ecclésiastique et pour détourner de l'estude des lettres et du College ceux qui leur paraissent stupides et incapables d'y faire aucun progrès.

IV. Ils doivent procurer que les enfants qui ont bonne voix, y apprennent le plain-chant, pour en estre secondez dans leurs offices; ce qui sera d'une tres grande édification pour le peuple, d'un tres grand soulagement pour eux, et qui se pratiquera tres aisément et sans frais dès que l'usage en aura une fois esté introduit.

V. Afin que les petites Ecoles se fassent plus utilement dans chaque paroisse, il faut que Messieurs les Ecclésiastiques à l'exemple de plusieurs grands Prelats des premiers siecles de l'Église, tiennent les Écoles des garçons dans leur presbytère, qu'ils destinent des veuves timorées, ou des filles vertueuses, pour tenir celles des personnes de l'autre sexe, dans leurs maisons. Et qu'à l'exemple du grand saint Charles, ils veillent saintement sur les unes et sur les autres.

(Avis donnés par Monseigneur Jean d'Arenthon d'Alex et insérés dans le Rituel du diocèse de Genève après 1661, seconde partie, pages 246-247. Ces mêmes Avis sont reproduits dans le Rituel réédité en 1747.)

ERRATUM

Dans le titre de la première page, un chiffre s'est retourné pendant le tirage, et on peut lire sur beaucoup d'exemplaires : HISTOIRE DE L'INSTRUCTION PUBLIQUE AVANT *1786*; c'est **1789** qu'il faut lire.

TABLE DES MATIÈRES

Au Lecteur 3

CHAP. Ier. — Onzième Siècle. — Progrès de la civilisation. — Triste état de l'instruction aux ixme et xme siècles pendant les invasions sarrasines, normandes, etc. — Réveil littéraire dû à la congrégation de Cluny et au pape Sylvestre. — En France, construction de cathédrales, écoles célèbres. — En Savoie, construction de cathédrales, couvents, grands hommes 5

CHAP. II. — Douzième Siècle. — Cisterciens et Chartreux en Savoie. — Écoles de monastères. — Croisades, leur influence. — Cisterciens et Chartreux, leurs établissements en Savoie; vie sainte des fondateurs, leurs écrits. — Moines copistes. — Écoles de monastères et autres. — Grand nombre d'écrivains 7

CHAP. III. — Treizième Siècle. — Influence des Dominicains, des Franciscains et des Papes. — Dominicains et Franciscains; leurs savants illustres. — Efforts des Papes en faveur de l'instruction; les conciles de Latran; efforts de nos évêques. — État social du peuple savoyard : langue vulgaire; franchises; commerce, industrie, agriculture, culture des vers à soie 11

CHAP. IV. — Quatorzième Siècle. — Écoles paroissiales ou communales. — Écoles en France; en Savoie, dans la Maurienne, le Vallais, etc. — Écoles du diocèse de Genève : écoles supérieures d'*Evian*, *Annecy*, *Sallanches*, *Thonon*, *Chaumont*, etc. — Écoles primaires entretenues par les œuvres pies. — Écoles presbytérales. — Sciences et industrie. — Arts libéraux : peintres, musiciens, orfèvres. — Le clergé. — Hommes remarquables 16

CHAP. V. — Quinzième Siècle. — Fondation des collèges d'Avignon et de Genève. — Découvertes. — Amédée VIII protège les sciences, les lettres et les arts. — Le cardinal de Brogny et le collège d'Avignon. — Le collège de Versonnex à Genève; écoles primaires; grand nombre de docteurs et de lettrés à Genève et dans le diocèse. — Savoyards étudiants à l'étranger. — Hommes remarquables. — Le théâtre populaire : mystères et sotties, romans. — Inventions et découvertes : gravure sur cuivre, poste aux lettres, fabriques de soie, montres de poche. — L'art de *l'imprimerie*, découvert par Gutemberg, favorisé par le clergé, introduit à Paris par un prêtre *savoyard*, G. Fichet, et un prêtre bavarois. — Découverte du Nouveau-Monde 21

CHAP. IV. — Seizième Siècle. — Règlement pour les écoles. — *Fondation des collèges d'Annecy, Louvain, la Roche*, etc. État intellectuel en France, en Italie, à Genève. — Les lettres et les beaux-arts à Genève avant la Réforme. — Écoles du diocèse. — Les PP. Favre, du Grand-Bornand, et Lejay, d'Aise. — La Savoie envahie par les Français et les Bernois, entamée par le protestantisme. — Résistance du Sénat et du clergé. — *Le premier règlement pour les écoles.* — Fondation d'écoles par le clergé. — Fondation des collèges d'Annecy et de Louvain par E. Chappuis; de la Roche, d'Évian et de Thonon. — Maîtrises. — Écoles de monastères. — Les Savoyards dans les Universités étrangères. — Hommes remarquables : hommes d'État, historiens, poètes, littérateurs, orateurs.................. 33

CHAP. VII. — Dix-septième Siècle. — *Le siècle de saint François de Sales.* — *Fondation de nombreux collèges.* — Saint François de Sales. — Il fonde l'Université de Thonon, ou la *Sainte-Maison* (1599) et *l'Académie florimontane* (1607); il relève le collège d'Annecy en y appelant les Barnabites; il écrit *l'Introduction à la Vie dévote*; influence de ce livre. Fondation des collèges de Cluses, Sallanches, Bonneville, Rumilly, Thônes, Seyssel, Megève. — Écoles paroissiales : dotations et fondations. — Écoles de filles. — Création du *Grand-Séminaire*; son influence. — Grand nombre de prêtres remarquables : orateurs, littérateurs, historiens, savants. — Laïques remarquables : diplomates, écrivains, artistes. — Commerce et industrie.................... 46

CHAP. VIII. — Dix-huitième siècle. — Fondations d'écoles. — 1° *L'Instruction primaire*. Coup d'œil sur l'Instruction primaire en France au XVIme et XVIIme siècles. — Congrégations religieuses fondées pour l'éducation du peuple; grand développement de l'instruction. — Frères de la doctrine chrétienne. — En Savoie : Charles-Emmanuel II; la régente Jeanne-Baptiste, sa lettre à Mgr d'Arenthon. — Mgr d'Arenthon et Mgr de Bernex; leurs efforts en faveur des écoles. — Liste des écoles fondées ou dotées dans le diocèse par des émigrants, des laïques, des communautés, par des *prêtres*. — La Révolution ferme les écoles. — Le clergé les rouvre après le Concordat 50

2° *L'Instruction secondaire*. — État de nos collèges à la fin du XVIIIme siècle. — Le roi Victor-Amédée II réforme l'Université de Turin, crée le *collège des Provinces*. — Son fils, Charles-Emmanuel, établit les *Réformateurs* des études et le *Conseil de Réforme*. — Influence de ces mesures : prospérité de tous nos collèges. — Création du collège de Carouge. — Pensionnats de Bonne, Meillerie et la Giettaz. — Création de la *bibliothèque* publique d'Annecy par le chanoine Dumax. — Donation de NN. SS. Deschamps et Biord. — Développement extraordinaire de l'instruction secondaire. — Hommes remarquables : historiens, littérateurs, poètes, controversistes, orateurs, médecins, jurisconsultes, mathématiciens, savants. — État prospère de l'agriculture, du commerce et de l'industrie. — Artistes : peintres, graveurs, musiciens. — Hommes de guerre. — Les Savoyards à l'étranger : diplomates, commerçants, etc. — Conclusion : La vérité sur *l'état de l'instruction publique dans la Haute-Savoie en 1780* 67

CHAP. IX. — *Le régime des collèges et des écoles avant 1780*.

1° COLLÈGES. — Nomination des instituteurs : elle dépend de l'Ordinaire soit de l'évêque; examen des instituteurs. — Durée des classes. — Congés, vacances. — Matières enseignées. — Traitement des instituteurs. — Pension des élèves. — Gratuité pour les pauvres 76

2° ÉCOLES. — Recrutement et nomination des régents. — Salaire en argent ou en nature. — *Gratuité de* l'enseignement. — Salles d'école; mobilier. — Durée de la classe. — Congés, vacances. Fréquentation de l'école. — Livres adoptés. — Matières enseignées : le catéchisme, la lecture, l'écriture, le plain-chant, l'arithmétique, la lecture des manuscrits, la grammaire, etc. — Pour les filles : lecture, écriture, travail à aiguille, calcul. — Comparaison de ce programme et du programme actuel.................. 80

DOCUMENTS

N° 1.

Fondations d'écoles par des diocésains émigrés à l'étranger (analyse des actes)................................ 87

N° 2.

Fondations d'écoles par des laïques demeurés dans le pays.... 90

N° 3.

Fondations d'écoles par les communautés..................... 92

N° 4.

Fondations d'écoles par des prêtres......................... 93

N° 5.

Avis sur les petites Écoles................................. 99

www.ingramcontent.com/pod-product-compliance
Lightning Source LLC
Chambersburg PA
CBHW070250100426
42743CB00011B/2205